QUESTIONNAIRES

POUR LES

EXAMENS D'ADMISSION

A L'ÉCOLE SPÉCIALE MILITAIRE.

1851

qui remplissent les conditions indiquées ci-après au titre : *Concession des places gratuites.*

De plus, il pourra être alloué, à chaque boursier ou demi-boursier, un trousseau ou un demi-trousseau à son entrée à l'École.

CONCOURS.

Nul n'est admis à l'École que par voie de concours.

Il y a deux degrés d'examen : le premier degré pour constater l'instruction des candidats, et pour désigner ceux qui sont admissibles à l'examen du second degré; le deuxième degré pour classer, par ordre de mérite, les candidats reconnus admissibles : il est délivré à ces derniers un certificat d'admissibilité.

Les épreuves consistent en compositions écrites et en examens oraux.

Les compositions se font le 16 juin *dans toutes les villes chefs-lieux de département*, et en outre dans les villes ou chefs-lieux d'arrondissement désignés ci-après : Alger, Bastia, Béziers, Brest, Brives (Corrèze), Castres (Tarn), Cherbourg, Douai, La Flèche, Lorient, Reims, Rochefort, Saint-Omer, Toulon, Vendôme.

Chaque candidat doit faire ses compositions dans la ville le plus à proximité du lieu où il étudie.

Les compositions sont l'un des éléments de l'examen du premier degré, qui se compose, en outre, de deux épreuves orales, l'une sur les mathématiques devant deux examinateurs, dont l'un interroge sur l'arithmétique, l'algèbre et la trigonométrie, l'autre sur la géométrie, la géométrie descriptive et la cosmographie; la seconde épreuve, qui a lieu devant un troisième examinateur, roule sur l'histoire, la géographie et l'allemand. Les bacheliers ès lettres ne sont plus dispensés de la partie de l'examen oral relative à l'histoire et à la géographie.

L'examen du deuxième degré, qui est fait par un jury, consiste en interrogations qui portent sur toutes les parties du programme des connaissances exigées.

A Paris, les examens du premier degré commencent le 10 juillet, et ceux du deuxième degré le 13 du même mois.

Les examens oraux du premier et du deuxième degré roulent sur les matières du programme, groupées par numéros dans des questionnaires approuvés par le Ministre de la guerre. Les questions sont tirées au sort par chaque candidat.

Les époques d'ouverture de ces examens dans les départemens, soit pour le premier, soit pour le deuxième degré, seront ultérieurement fixées par le ministre. Un avis inséré, en août, au *Moniteur universel*, et publié dans chaque préfecture, fera connaître les villes où auront lieu les examens du premier et du deuxième degré; ceux-ci succéderont aux premiers, à quelques jours d'intervalle.

Nul ne peut être admis au concours s'il n'a préalablement justifié :

1° Qu'il est Français ou naturalisé;

2° Qu'il aura seize ans au moins et vingt ans au plus au 1er janvier de l'année du concours.

Néanmoins les sous-officiers, caporaux ou brigadiers, et les soldats des corps de l'armée âgés de plus de vingt ans, et qui auront accompli, au moment de l'ouverture du concours, deux ans de présence effective sous les drapeaux, déduction faite des congés obtenus, sont admis à concourir, pourvu qu'ils n'aient pas alors dépassé l'âge de vingt-cinq ans. Aucune dispense d'âge ou de temps de service ne sera accordée.

Les candidats qui rempliront les conditions ci-dessus indiquées devront se faire inscrire, *avant le 1er mai, à la préfecture du département où ils étudient*. Nulle inscription ne sera admise après cette époque, *aucune liste supplémentaire ne devant être établie*.

Les élèves du collège militaire sont seuls dispensés de l'inscription; ils sont examinés dans le centre d'examen déterminé pour le département de la Sarthe.

Les pièces à produire pour l'inscription sont :

1° L'acte de naissance du candidat, revêtu des formalités prescrites par la loi ;

2° Une déclaration d'un docteur en médecine ou en chirurgie, attaché à un hospice civil ou à un hôpital militaire, dûment légalisée, et constatant que le candidat a eu la petite vérole, ou

IMPRIMERIE DE GUIRAUDET ET JOUAUST,
Rue Saint-Honoré, 533.

INSTRUCTION

POUR L'ADMISSION

A L'ÉCOLE SPÉCIALE MILITAIRE

Institution de l'École.

L'École spéciale Militaire, établie à Saint-Cyr, est destinée à former des officiers pour l'iufanterie, — la cavalerie, — le corps d'état-major, — l'infanterie de marine.

La durée du Cours d'instruction est de deux ans.

Les élèves qui ont satisfait aux examens de sortie ont le droit de choisir, suivant le rang de mérite qu'ils occupent sur la liste générale de classement dressée par le jury, et jusqu'à concurrence du nombre d'emplois disponibles dans l'infanterie de terre, la cavalerie et l'infanterie de marine, celle de ces armes dans laquelle ils désirent servir. Toutefois, les élèves qui optent pour la cavalerie ne peuvent y être admis que s'ils sont reconnus aptes au service de cette arme. Trente élèves désignés dans l'ordre successif des numéros de mérite, parmi ceux qui en ont fait la demande, sont reçus à concourir, avec trente-sous lieutenants de l'armée, pour l'admission à l'école d'application d'état-major.

L'École spéciale Militaire est soumise au régime militaire.

Le prix de la pension est de 1,000 francs, et celui du trousseau de 500 à 600 francs.

Le bordereau et le tarif des objets de trousseau sont envoyés aux familles avec les lettres de nomination. Les articles qui concernent la lingerie peuvent être fournis en nature, ainsi que les livres.

Des bourses et demi-bourses sont instituées en faveur des élèves dont les parents sont hors d'état de payer la pension, et

PRÉCIS ÉLÉMENTAIRE

DE COSMOGRAPHIE

MIS EN RAPPORT AVEC LE QUESTIONNAIRE POUR LES EXAMENS
D'ADMISSION A L'ÉCOLE SPÉCIALE MILITAIRE DE S.-CYR, AUQUEL
IL RÉPOND, AINSI QU'AU PROGRAMME POUR L'ADMISSION A
L'ÉCOLE POLYTECHNIQUE,

PAR M. E. VALLIER

Professeur de mathématiques, chargé des conférences du cours de Cosmographie
à l'École spéciale militaire, ancien professeur à l'École d'Arts et Métiers
d'Angers et au Collége militaire de La Flèche,
Membre de la société centrale des ingénieurs civils.

Un volume in-8°,

*Nouvelle édition, augmentée de plusieurs figures et d'un planisphère
des orbites planétaires.*

Prix : 3 fr. 50

QUESTIONNAIRES

POUR LES

EXAMENS D'ADMISSION

A L'ÉCOLE SPÉCIALE MILITAIRE,

PUBLIÉS

Avec autorisation du Ministre de la Guerre.

PARIS,

CHEZ GUIRAUDET ET JOUAUST,

IMPRIMEURS-ÉDITEURS,

RUE SAINT-HONORÉ, 338.

qu'il a été vacciné ou inoculé, et qu'il n'a ni maladie contagieuse ni infirmité qui le rendrait impropre au service ;

3° Une déclaration écrite du lieu d'examen choisi par le candidat ou par sa famille, conformément aux dispositions ci-après énoncées.

Les candidats militaires doivent ajouter à ces pièces :

1° Un certificat d'immatriculation délivré par le conseil d'administration du corps et visé par le général commandant le département ;

2° Une déclaration du chef de corps indiquant les dates, la durée et les motifs des divers congés ou permissions que le candidat aurait obtenus depuis son immatriculation, ou constatant qu'il ne lui a été délivré aucun congé ni permission ;

3° Un certificat de bonne conduite.

Les candidats non militaires ont la faculté de se faire examiner dans la ville d'examen assignée au département où le domicile de leur famille est établi, ou à celui où ils ont achevé leur instruction, pourvu qu'ils y aient étudié au moins une année. Dans ce dernier cas, ils devront justifier, *lors de l'inscription*, qu'ils ont commencé à étudier, depuis l'ouverture de l'année scolaire, au plus tard, dans le lieu où ils désirent être examinés.

Les candidats militaires présents à leur corps subissent les épreuves dans la ville d'examen la plus voisine de celle où ils se trouvent. Les généraux commandant les divisions devront leur délivrer à cet effet, s'il y a lieu, des permissions dont la durée ne pourra excéder le temps nécessaire au voyage et à l'examen. Si, après s'être fait inscrire à la préfecture, ces candidats changent de garnison, ils doivent en informer le Ministre.

Les candidats militaires non présents au corps ne peuvent subir les épreuves que dans la ville d'examen affectée au département dans lequel ils sont régulièrement en congé.

Les candidats admis à subir l'examen du premier degré devront être rendus la veille du jour fixé pour cet examen dans la ville où ils auront droit de le subir. Les candidats admissibles subissent l'examen du deuxième degré dans l'ordre de la date, et subsidiairement du numéro de leur certificat d'admissibilité.

Les pièces fournies par les candidats qui ne seraient point admis à l'École leur seront ultérieurement restituées par la préfecture où l'inscription aura été effectuée.

PROGRAMME DES CONNAISSANCES EXIGÉES.

COMPOSITIONS.

1° Epreuve pour le dessin.

Les candidats exécuteront, d'après un modèle qui sera donné, l'esquisse d'une académie et en ombreront la tête et les épaules.

Cette esquisse sera réduite aux 5/6es environ des dimensions du modèle.

2° Un calcul numérique conduisant à l'application des tables de logarithmes, et le développement d'une théorie sur une partie quelconque des mathématiques exigées par le programme, ou une question de géométrie descriptive. Les calculs devront être présentés avec ordre et méthode.

3° Une version latine de la force de celles que l'on fait en seconde dans les lycées nationaux.

4° Une composition française sur un sujet donné, soit historique, soit géographique.

5° Une dictée contenant les difficultés principales de la langue française.

6° Un thème allemand, dont le texte sera en rapport avec les connaissances exigées des candidats dans cette langue. Ce thème devra être écrit en caractères allemands.

Dans toutes les épreuves écrites, l'écriture devra être lisible et correcte.

Les candidats dont les compositions ou la dictée prouveraient qu'ils ne possèdent pas l'instruction exigée ne seraient pas admis à subir les examens du premier degré. Les fautes graves d'orthographe ou de langue suffiraient pour motiver cette exclusion, applicable de droit à tout candidat qui n'aura pas fait toutes les compositions et le dessin.

De la Lune. — Diamètre apparent. — Phases. — Syzygies. — Quadrature. — Lumière cendrée.

Révolution sidérale et synodique. — Orbite lunaire.

Distance de la lune à la terre. — Diamètre réel et volume de la lune. — Sa masse.

Taches. — Rotation. — Libration en longitude. — Absence d'eau et d'atmosphère.

Éclipses de lune partielles ou totales.

Éclipses de soleil partielles, annulaires, totales.

Des Planètes. — Leurs noms, leurs mouvements autour du soleil. — Énoncé des lois de Képler et du principe de la gravitation universelle.

Planètes inférieures, Mercure et Vénus.

Planètes supérieures, Mars, Jupiter et Saturne.

Très petites planètes situées entre Mars et Jupiter.

Satellites.

Des Comètes. — Noyau, chevelure, queue. — Petitesse de la masse des comètes. — Orbites.

Phénomènes des marées.

7° PHYSIQUE (1).

Nota. Ce cours sera exclusivement expérimental ; les expériences seront faites et les instruments seront mis sous les yeux des élèves, autant que le permettront le temps et les moyens dont pourra disposer le professeur.

Propriétés générales des corps. — Étendue. — Impénétrabilité. — Divisibilité. — Porosité. — Mobilité ; temps ; diverses espèces de mouvements ; vitesse, inertie ; forces ; effets divers des forces ; applications à la pesanteur. — Poids spécifique des solides et des liquides.

Propriétés principales des liquides et des gaz. — Principe d'Archimède et ses usages (sans calcul). — Loi de Mariotte ; mesure de la pression atmosphérique ; pompes, syphon.

Acoustique. — Notions sur la production et sur la propagation du son.

---

(1) La physique ne sera exigée qu'à partir de 1852.

Calorique. — Propriétés générales de la chaleur; mesure des températures; notions sur le calorique spécifique. — Notions sur la théorie des vapeurs et sur l'hygrométrie.

Électricité. — Principaux phénomènes produits par l'électricité; principaux appareils; notions sur les paratonnerres et sur les effets de la pile voltaïque; expérience de Galvani.

Magnétisme. — Propriétés générales des aimants; notions sur le magnétisme terrestre.

Lumière. — Propagation de la lumière; lois de la réflexion et de la réfraction simple de la lumière.

8° CHIMIE (1).

Nota. *Les expériences seront faites et les produits seront mis sous les yeux des élèves, autant que le permettront le temps et les moyens dont pourra disposer le professeur.*

Définition de la chimie. — Ce qu'on entend par corps simples et corps composés. — Différents états des corps. — Forces d'agrégation et de cohésion; affinité chimique. — Ce qu'on entend par équivalent chimique. — Loi des proportions multiples. — Règles de la nomenclature. — Division des corps simples en métalloïdes et en métaux. — Étude des principaux métalloïdes et de leurs combinaisons les plus remarquables.

Oxygène. — Hydrogène. — Eau.

Azote. — Air atmosphérique. — Acide azotique. — Protoxyde et bioxyde d'azote; acide hypoazotique. — Ammoniaque.

Soufre. — Acide sulfurique. — Acide sulfureux et acide sulfhydrique.

Chlore. — Acide chlorhydrique gazeux. — Acide chlorhydrique liquide.

Phosphore. — Hydrogènes phosphorés.

Carbone. — Charbons. — Acide carbonique. — Oxyde de carbone. — Gaz hydrogène protocarboné. — Gaz hydrogène bicarboné; gaz de l'éclairage.

Iode. — Son état naturel; sa préparation. — Ses principales propriétés.

---

(1) La chimie ne sera exigée qu'à partir de 1852.

4° TRIGONOMÉTRIE.

CONNAISSANCE DES LIGNES TRIGONOMÉTRIQUES. (*On ne considérera que le rapport des lignes trigonométriques au rayon.*) — Leurs relations entre elles. — Construction des tables trigonométriques. — Usage détaillé des tables sexagésimales de Callet. — Divers cas de résolution des triangles. — Mesure des distances et des hauteurs.

5° GÉOMÉTRIE DESCRIPTIVE.

Théorie générale des rabattements. — Emploi des changements de plan de projection. — Distances entre deux points. — Droites, plans, droites et plans parallèles. — Plans déterminés par des conditions simples. — Intersection des plans. — Intersection d'une droite et d'un plan. — Droites et plans perpendiculaires. — Angles de deux droites; d'une droite et d'un plan; de deux plans. — Problèmes élémentaires sur la sphère, comme application de la théorie des rabattements.

Les candidats seront tenus d'expliquer les épures suivantes : 1° Par un point donné, mener un plan parallèle à un plan donné ; 2° construire le plan qui passe par trois points donnés dans l'espace ; 3° deux plans étant donnés, trouver les projections de leur intersection ; 4° une droite et un plan étant donnés, trouver les projections du point où la droite rencontre le point ; 5° par un point donné, mener une perpendiculaire à un plan donné, et construire les projections du point de rencontre de la droite et du plan ; 6° par un point donné, mener une droite perpendiculaire à une droite donnée, et construire les projections du point de rencontre des deux droites ; 7° deux plans étant donnés, construire l'angle qu'ils forment entre eux ; 8° deux droites qui se coupent étant données, construire l'angle qu'elles forment entre elles.

Ces épures, signées par les candidats et visées par leur professeur de mathématiques, seront présentées lors des examens du premier et du deuxième degré. — Les candidats qui ne répondront pas sur leurs épures seront considérés comme ne les ayant pas faites.

6° COSMOGRAPHIE.

(Ce cours sera purement descriptif.)

DES ÉTOILES. — Distance angulaire des étoiles. — Sphère cé-

leste.— Mouvement diurne apparent des étoiles.— Culmination.
— Plan méridien.

Axe du monde, pôles. — Étoile polaire.— Hauteur du pôle à
Paris. — Parallèles, équateur. — Jour sidéral. — Mouvement de
rotation de la terre.

Différences des étoiles en ascension droite. — Déclinaisons.

Description du ciel.— Constellations principales. — Etoiles de
diverses grandeurs.— Etoiles périodiques, temporaires, colorées ;
étoiles doubles.

Distance immense des étoiles à la terre.

Voie lactée.— Nébuleuses.

DE LA TERRE. — Phénomènes qui donnent une première idée
de la forme de la terre. — Pôles. — Parallèles. — Equateur. —
Méridiens. — Longitude et latitude géographique.

Valeur comparative des degrés à diverses latitudes.

Rayon.— Aplatissement.— Forme de la terre. — Longueur du
mètre.

Cartes géographiques. — Projections. — Mappemonde.

Atmosphère terrestre. — Réfraction astronomique.

DU SOLEIL. — Mouvement annuel apparent du soleil. — Éclip-
tique. — Points équinoxiaux. — Constellations zodiacales.

Diamètre apparent du soleil. — Mouvement apparent. — Principe des aires.

Origine des ascensions droites. — Ascension droite du soleil.
— Temps solaires vrai et moyen. — Équation du temps. — Principe et usage des cadrans solaires.

Année tropique. — Calendrier. — Réforme Julienne ; réforme
Grégorienne.

Distance du soleil à la terre. — Rapport des volumes , des masses et des densités.

Taches du soleil. — Rotation.

Lumière zodiacale.

Du jour et de la nuit. — De leurs longueurs à différentes époques et en différents lieux. — Crépuscules.

Saisons. — Causes principales de la variation de la température en un lieu de la terre. — Inégalité de la durée des saisons.

Idée de la précession des équinoxes.

Explication des apparences du mouvement du soleil par un
mouvement réel de la terre.

EXAMENS ORAUX.

1° ARITHMÉTIQUE.

Nota. *L'arithmétique doit être enseignée au point de vue de ses usages ; on insistera sur la pratique du calcul numérique ; on exposera les méthodes expéditives applicables dans le calcul des nombres décimaux pour obtenir le degré d'approximation exigé par la question.*

Numération décimale. — Les quatre règles fondamentales de l'arithmétique. — Propriétés relatives aux multiples et aux diviseurs des nombres. — Recherche du plus grand commun diviseur. — Fractions ordinaires. — Nombres décimaux. — Système complet des nouvelles mesures. — Propriétés relatives au carré et au cube des nombres. Extraction des racines carrées et cubiques. — Résolution, *par la réduction à l'unité*, des règles de trois, d'intérêt simple, d'escompte, de société, etc. Propriétés des proportions géométriques.

2° ALGÈBRE.

Les quatre opérations fondamentales de l'algèbre.

Résolution des équations numériques du 1er degré à une ou plusieurs inconnues, par la méthode dite *de substitution*. — Recherche des formules générales propres à donner la valeur des inconnues d'un système d'équations du 1er degré à deux ou trois inconnues. — Discussion de 3 équations à trois inconnues, dans lesquelles les termes indépendants des inconnues sont nuls. — Résolution des équations du 2e degré à une seule inconnue. — Discussion de ces équations. — Progressions. — Calcul des logarithmes dont la base est 10, au moyen des progressions.— Usage des tables de Callet. — Application des logarithmes aux règles d'intérêt composé et aux annuités.—Usage de la règle à calcul (1).

3° GÉOMÉTRIE ÉLÉMENTAIRE.

Géométrie plane. — Distances ; angles ; triangles ; perpendiculaires et obliques.— Théorie des parallèles (2). Son application

---

(1) L'usage de la règle à calcul ne sera exigé qu'à partir de 1852.

(2) On admettra comme *postulatum* qu'on ne peut, par un point donné, mener à une droite donnée qu'une seule parallèle.

à la théorie des lignes proportionnelles et à la similitude des triangles et des polygones.— Circonférence du cercle.— Diamètres, cordes, tangentes. — Mesure des angles. — Intersection et contact des cercles. — Propriétés des sécantes du cercle. — Polygones réguliers.— Recherche du rapport approché de la circonférence au diamètre par la méthode des isopérimètres. — Mesure des surfaces (triangles, polygones, cercles). — Rapport entre les surfaces des triangles semblables ou des polygones semblables. — Expression du carré construit sur l'un des côtés d'un triangle rectangle et d'un triangle quelconque. Définition de l'ellipse, de la parabole, de l'hyperbole, par la propriété des foyers (1).

GÉOMÉTRIE DANS L'ESPACE.— Lignes droites et plans.— Relations entre les plans et les droites. — Relations entre les droites. — Angles dièdres, leur mesure. — Relations entre les plans; plans parallèles ou perpendiculaires entre eux.— Angles trièdres.

POLYÈDRES. — Égalité et similitude des tétraèdres.— Similitude des polyèdres.— Mesure des volumes.

CORPS RONDS. — Cylindre et cône droit à base circulaire, leur surface et leur volume.

SPHÈRE. — Section d'une sphère par un plan. — Pôles. — Plus court chemin d'un point à un autre sur la surface de la sphère. — Triangle sphérique. — Limite de la somme des côtés. — Plan tangent à la sphère.— Mesure de l'angle de deux arcs de grands cercles.— Mesure de la zone et de la surface de la sphère.— Volume du secteur sphérique, de la sphère et du segment.

NOTA. *Après chaque théorie, on en fera immédiatement l'application à des problèmes simples, tels que ceux de la géométrie de Legendre. Les élèves seront, en outre, exercés à l'usage du mètre divisé et du rapporteur.*

Les candidats seront appelés à exécuter, durant les examens du 2ᵉ degré, un tracé géométrique. Ce dessin sera exécuté à une échelle donnée à l'aide de la règle, de l'équerre, du compas, du double décimètre et du rapporteur.

---

(1) Ces notions seront demandées seulement pour l'intelligence du cours de cosmographie.

9° HISTOIRE.

L'histoire de France, depuis et y compris ses origines jusqu'au traité de Westphalie, avec des éclaircissements sommaires empruntés à l'histoire générale. Ces éclaircissements sont exigés en vue de l'intelligence des faits de notre histoire ou des grands événements auxquels elle est mêlée ou intéressée, depuis 395 jusqu'à 1648.

10° GÉOGRAPHIE.

La géographie universelle, physique et politique, et l'histoire sommaire de la géographie. On insistera sur la géographie physique et politique de l'Europe, et plus particulièrement sur celle de la France, au point de vue de la destination future des candidats (frontières, places fortes, orographie et hydrographie, routes, côtes, etc.). L'histoire de la géographie se borne aux grandes découvertes.

11° LANGUE ALLEMANDE.

Les principales règles de la grammaire allemande; l'explication, à livre ouvert, d'un texte facile, tel que les fables de Lessing, l'histoire de la guerre de Sept-Ans, par Archenholz, etc. — La traduction du français en allemand. — Les candidats devront savoir lire couramment l'allemand imprimé ou écrit, et répondre en allemand à des questions simples qui leur seront adressées dans la même langue par l'examinateur.

Les aspirants sont prévenus que toutes les parties du programme étant obligatoires, on n'en peut considérer aucune comme accessoire, et que les compensations ne sont pas admises.

CONCESSION DES PLACES GRATUITES.

Les candidats qui, dénués de fortune, prétendraient à une place gratuite ou demi-gratuite, à un trousseau ou demi-trousseau, doivent le faire connaître, au moment de l'inscription, par une demande remise au préfet du département où la famille réside. Cette demande, adressée au Ministre de la guerre, devra être appuyée de renseignements détaillés sur les moyens d'existence, le nombre d'enfants et les autres charges des parents, ainsi que d'un relevé du rôle des contributions. L'insuffisance de la fortune des parents et des jeunes gens sera constatée par une délibération du conseil municipal, approuvée par le préfet.

Les bourses et demi-bourses, trousseaux et demi-trousseaux seront accordés par le Ministre de la guerre, sur la présentation des conseils d'instruction et d'administration de l'École, conformément à la loi du 5 juin 1850.

Les demandes produites après le 1er mai, date de la clôture de l'inscription, ne seront point admises pour le concours aux places gratuites ou demi-gratuites.

CONDITIONS EXIGÉES POUR L'ENTRÉE A L'ÉCOLE.

Tout candidat nommé élève qui ne se sera pas présenté au commandant de l'Ecole dans le délai fixé par sa lettre de nomination sera considéré comme démissionnaire.

Nul ne peut être admis s'il se trouve dans un des cas de réforme prévus par les ordonnances et règlements sur le recrutement de l'armée. En conséquence, les élèves, à leur arrivée à l'Ecole, sont soumis à une contre-visite des officiers de santé.

L'engagement volontaire étant obligatoire le 31 décembre, au plus tard, de l'année de leur nomination, ils devront être munis du consentement de leur père, mère ou tuteur, et d'un certificat de bonne vie et mœurs, délivré par le maire du lieu de leur dernière résidence. Ce certificat est celui qui est exigé pour les engagements volontaires par l'art. 32 de la loi du 21 mars 1832, sur le recrutement.

Ces pièces, qui leur sont indispensables, aux termes de la loi, pour contracter leur engagement volontaire, devront être dûment légalisées et resteront déposées, s'il y a lieu, dans les archives de l'Ecole, jusqu'au moment où elles devront être produites à l'officier de l'état civil qui dressera l'acte d'engagement.

Nul ne peut, d'ailleurs, être reçu à l'Ecole s'il ne fournit immédiatement le trousseau, et ne remet au commandant une promesse sous seing privé, dans la forme indiquée par l'art. 1326 du Code civil, par laquelle son père, sa mère ou son tuteur, s'engage à verser dans la caisse du receveur général du département de Seine-et-Oise, par trimestre et d'avance, le montant de la pension, si l'élève est pensionnaire, ou de la demi-pension, s'il a obtenu une demi-place gratuite. Cette promesse, qui doit être également légalisée par le maire ou par le sous-préfet, sera faite par l'élève lui-même, s'il est majeur et s'il jouit de ses biens.

Il est donc essentiel que, dans la prévision de leur admission à l'École, les candidats se procurent à l'avance les trois pièces exigées ci-dessus, et se mettent en état de fournir le trousseau ou d'en payer la valeur dès qu'ils auront reçu leur lettre de nomination.

Les élèves dont les père, mère ou tuteur, ne résident pas à proximité de Saint-Cyr, doivent, en outre, avoir un correspondant dûment accrédité auprès du général commandant l'École.

Paris, le 11 février 1851.

Le Ministre de la Guerre,
Signé RANDON.

Pour ampliation :
Le Secrétaire général,
BOURJADE.

Questionnaire d'Arithmétique.

tion des nombres premiers et des nombres premiers entre eux.

12. Prouver que tout nombre qui divise un produit de deux facteurs et qui est premier avec l'un d'eux, divise l'autre facteur.

13. Prouver que tout nombre premier qui divise un produit de deux facteurs, divise au moins l'un de ces facteurs.

14. Prouver que tout nombre divisible séparément par deux nombres premiers entre eux est divisible par leur produit.

15. Décomposition d'un nombre en ses facteurs premiers. Trouver à l'aide de cette opération le plus grand commun diviseur entre plusieurs nombres.

16. Trouver tous les diviseurs d'un nombre.

17. Calcul du plus petit multiple entre plusieurs nombres donnés. — Méthode de la décomposition en facteurs premiers.

18. Fractions ordinaires. — Leur origine. — Manière de lire et d'écrire les fractions. — Prouver qu'une fraction ne change pas de valeur lorsqu'on multiplie ou lorsqu'on divise les deux termes par un même nombre. — Réduction d'une fraction à sa plus simple expression.

19. Réduction de plusieurs fractions au même dénominateur.

20. Addition des fractions.

21. Soustraction des fractions.

22. Multiplication des fractions.

23. Division des fractions.

24. Calcul des nombres composés d'une partie entière et d'une fraction.

25. Résolution d'un problème servant d'application aux quatre règles de l'arithmétique sur les fractions.

26. Résolution d'un problème servant d'application aux quatre règles de l'arithmétique sur les nombres composés d'une partie entière et d'une fraction.

41. Rapports. — Résolution des règles de trois simples par la méthode dite de *réduction à l'unité*.

42. Résolution des règles de trois composées par la méthode de réduction à l'unité.

43. Résolution des quatre problèmes relatifs aux intérêts simples. — Trois de ces quatre éléments, *le capital*, *le taux des intérêts*, *le temps*, *l'intérêt produit*, étant donnés, déterminer le quatrième.

44. Résolution des problèmes relatifs aux rentes sur l'État.

45. Résolution des quatre problèmes relatifs aux intérêts simples, lorsque ces intérêts sont réunis au capital.

46. Résolution des problèmes relatifs à l'escompte.

47. Partager un nombre en parties proportionnelles à des nombres donnés. (*Règle de société simple.*)

48. Règle de société composée. (Réduction à une règle de société simple.)

49. Règle de mélange.

50. Règle d'alliage directe.

51. Règle d'alliage inverse.

52. Solutions des questions qui peuvent se résoudre par deux hypothèses arbitraires et successives sur le résultat cherché. (*Règle de fausse position.*)

53. Règle conjointe.

54. Principes relatifs aux carrés des nombres. — Formation du carré de la somme de deux nombres.

55. Règles pour l'extraction de la racine carrée d'un nombre entier ou décimal. — Moyen expéditif d'obtenir les derniers chiffres par une simple division.

56. Principes relatifs aux cubes des nombres. — Formation du cube de la somme de deux nombres.

57. Règle pour l'extraction de la racine cubique d'un nombre entier ou décimal.

58. Proportions dites géométriques. (Egalité de deux rapports.) — Définitions. — Principes préliminaires.

59. Principe fondamental de la théorie des proportions. (Égalité du produit des extrêmes au produit des moyens. — La réciproque.)

60. Connaissant trois termes d'une proportion, conclure le quatrième. — Moyenne géométrique de deux nombres.

61. Prouver que lorsque dans une proportion on augmente ou on diminue chaque antécédent de son conséquent, il y a encore proportion.

62. Prouver que dans toute proportion la somme ou la différence des termes du premier rapport est au premier antécédent comme la somme ou la différence des termes du second rapport est au deuxième antécédent.

63. Prouver que dans toute proportion la somme ou la différence des antécédents est à la somme ou à la différence des conséquents comme un antécédent est à son conséquent.

64. Prouver que dans toute proportion la somme des antécédents est à leur différence comme la somme des conséquents est à leur différence.

65. Prouver que dans une suite de rapports égaux, la somme des antécédents est à la somme des conséquents comme un antécédent est à son conséquent.

66. Prouver que, lorsque deux proportions ont les mêmes antécédents ou les mêmes conséquents, on peut former une proportion avec les conséquents ou avec les antécédents.

67. Prouver que, lorsqu'on multiplie ou lorsqu'on divise deux proportions terme à terme, les produits ou les quotients obtenus sont en proportion.

TABLE de concordance entre les numéros tirés au sort et les numéros
du Questionnaire d'Arithmétique.

NUMÉROS									
du tirage au sort.	du Questionnaire d'Arithmét.	du tirage au sort.	du Questionnaire d'Arithmét.	du tirage au sort.	du Questionnaire d'Arithmét.	du tirage au sort.	du Questionnaire d'Arithmét.	du tirage au sort.	du Questionnaire d'Arithmét.
1	1 et 41	11	11 et 49	21	21 et 54	31	31 et 63	41	34 et 41
2	2 — 52	12	12 — 51	22	22 — 55	32	32 — 64	42	35 — 42
3	3 — 42	13	1 — 13	23	23 — 56	33	33 — 65	43	36 — 43
4	4 — 43	14	4 — 14	24	24 — 57	34	34 — 66	44	37 — 44
5	5 — 48	15	5 — 15	25	25 — 53	35	35 — 67	45	38 — 45
6	6 — 47	16	6 — 16	26	26 — 58	36	36 — 54	46	27 — 46
7	7 — 44	17	7 — 17	27	27 — 59	37	37 — 55	47	28 — 47
8	8 — 46	18	8 — 18	28	28 — 60	38	38 — 56	48	29 — 48
9	9 — 45	19	10 — 19	29	29 — 61	39	39 — 57	49	30 — 49
10	10 — 50	20	11 — 20	30	30 — 62	40	40 — 52	50	31 — 50

Questionnaire

DE GÉOMÉTRIE ÉLÉMENTAIRE.

1. — Mesure de la distance de deux points. — Deux droites finies étant données, trouver leur commune mesure, ou, au moins, le rapport approché de l'une à l'autre. — Relations entre les angles formés par deux droites qui se coupent.

2. — Égalité des triangles obliquangles. — Propriétés du triangle isocèle, équilatéral. — Prouver que, dans un triangle quelconque, au plus petit angle est opposé le plus petit côté, et réciproquement. — Problèmes élémentaires sur la construction des angles et des triangles.

3. — Prouver que de toutes les droites qu'on peut mener d'un point donné à une droite donnée, la perpendiculaire est la plus courte et que les obliques sont d'autant plus longues qu'elles s'écartent plus du pied de la perpendiculaire.

4. — Prouver que la perpendiculaire élevée sur le milieu d'une droite est le lieu de tous les points également distants des extrémités de cette droite. — Mener une perpendiculaire à une droite. — Diviser une droite de longueur donnée en deux parties égales. — Emploi du compas. — Cas d'égalité des triangles rectangles.

5. — Propriétés des droites parallèles. — Droites perpendiculaires à une même ligne. — Droites parallèles entre elles. — Droites parallèles coupées par une sécante.

6. — Égalité des angles qui ont les côtés parallèles et l'ouverture placée dans le même sens. — Par un point

donné, mener une parallèle à une droite donnée. — Emploi de la règle et de l'équerre.

7. — Somme des angles d'un triangle, d'un polygone quelconque.

8. — Prouver que les parties de parallèles interceptées entre parallèles sont égales, et réciproquement.

9. — Prouver que trois parallèles coupent toujours deux droites quelconques en parties proportionnelles. — Cas où le rapport est incommensurable. — Conséquence relative au cas où une droite est menée dans un triangle parallèlement à l'un des côtés.

10. — Trouver une quatrième proportionnelle à trois lignes données. — Prouver que la droite qui divise en deux parties égales l'un des angles d'un triangle, partage le côté opposé en deux segments proportionnels aux côtés adjacents.

11. — Condition de similitude des triangles. — Construire, sur une droite donnée, un triangle semblable à un triangle donné.

12. — Prouver que tant de droites qu'on voudra, menées par un même point et rencontrées par deux parallèles, sont coupées par ces parallèles en parties proportionnelles, et les coupent aussi en parties proportionnelles.

13. — Diviser une droite donnée de la même manière qu'une autre est divisée. — Division d'une droite en parties égales. — Echelles.

14. — Démontrer que si de l'angle droit d'un triangle rectangle on abaisse une perpendiculaire sur l'hypoténuse, 1° cette perpendiculaire partagera le triangle en deux autres qui lui seront semblables et qui le seront, par conséquent, entre eux; 2° elle divisera l'hypoténuse en deux segments tels que chaque côté de l'angle droit sera moyen proportionnel entre le segment qui lui est adjacent et l'hypoténuse entière; 3° la perpendiculaire sera moyenne proportionnelle entre les deux segments de l'hypoténuse.

15. — Prouver que dans un triangle rectangle, le carré du nombre qui exprime la longueur de l'hypoténuse est égal à la somme des carrés des nombres qui expriment les longueurs des deux autres côtés. — Trouver la valeur du carré d'un des côtés de cet angle droit. — Propriétés du triangle dont les trois côtés sont dans le rapport des nombres 3, 4, 5. — Application à la construction des équerres.

16. — Prouver que les trois côtés d'un triangle quelconque étant exprimés en nombre, si, de l'extrémité de l'un de ces côtés, on abaisse une perpendiculaire sur l'un des deux autres, le carré du premier sera égal à la somme des carrés des derniers, moins deux fois le produit du côté sur lequel tombe la perpendiculaire, par la distance de cette perpendiculaire à l'angle opposé au premier côté, si cet angle est aigu, et plus deux fois le même produit, si cet angle est obtus.

17. — Parallélogrammes. — Propriétés de leurs angles et de leurs diagonales. — Division des polygones en triangles. — Somme de leurs angles intérieurs. — Égalité et construction des polygones.

18. — Polygones semblables. — Leur décomposition en triangles semblables. — Proportionnalité des droites semblablement placées aux côtés homologues. — Construction sur une droite donnée d'un polygone semblable à un polygone donné. — Proportionnalité entre les contours de deux polygones semblables et les côtés homologues.

19. — Égalité simultanée des arcs et des cordes dans un même cercle ou dans des cercles égaux. — Prouver que le plus grand arc a la plus grande corde, et réciproquement.

20. — Prouver que le centre d'un cercle, le milieu de la corde et le milieu de l'arc sous-tendu sont sur une même droite perpendiculaire à la corde. — Diviser un arc ou un angle en 2, 4, 6, 8 parties égales. — Par trois points qui ne sont pas en ligne droite, faire passer une circonférence de cercle.

21. — Prouver : 1° que les trois bissectrices des angles d'un triangle se rencontrent en un même point ; 2° que les trois perpendiculaires sur les milieux des côtés se rencontrent aussi en un même point. — Inscrire une circonférence dans un triangle, ou tracer une circonférence tangente à trois droites données.

22. — Prouver que la tangente à un point de la circonférence est perpendiculaire à l'extrémité du rayon mené par ce point, et réciproquement.

23. — Prouver que les deux arcs interceptés dans le même cercle entre deux cordes parallèles, ou entre une tangente et une corde parallèle, sont égaux.

24. — Rapport entre deux angles et deux arcs de cercle décrits du sommet de ces angles, avec des rayons égaux. — Division de la circonférence en degrés, minutes, secondes. — Usage du rapporteur.

25. — Mesure des angles ayant leurs sommets placés : 1° au centre d'un cercle ; 2° sur la circonférence de ce cercle ; 3° dans le cercle, entre le centre et la circonférence ; 4° en dehors du cercle, et de manière que ses côtés coupent la circonférence.

26. — Conditions pour le contact et l'intersection des cercles.

27. — Par un point donné, mener une tangente à un cercle donné.

28. — Tracer une circonférence tangente à une droite, ou à une circonférence donnée en un point déterminé, et passant par un autre point donné.

29. — Mener une tangente commune à deux circonférences.

30. — Décrire sur une droite donnée un segment de cercle capable d'un angle donné.

31. — Prouver que deux sécantes entières, partant d'un même point pris hors d'un cercle, sont réciproquement proportionnelles à leurs parties extérieures. — Prouver que la

tangente est moyenne proportionnelle entre la sécante en-
t ère et sa partie extérieure.

32. — Prouver que deux cordes qui se rencontrent dans
un cercle se coupent en parties réciproquement proportionnelles. — Prouver que la perpendiculaire élevée sur un diamètre et terminée à la circonférence est moyenne proportionnelle entre les deux segments du diamètre.

33. — Prouver que la corde menée par l'extrémité du
diamètre est moyenne proportionnelle entre le diamètre et
le segment adjacent.

34. — Trouver une moyenne proportionnelle à deux lignes données.

35. — Partager une ligne en moyenne et extrême raison.
— Interprétation des deux solutions.

36. — Prouver que tout polygone régulier peut être inscrit et circonscrit au cercle.

37. — Un polygone régulier étant inscrit à un cercle,
1° inscrire dans le même cercle un polygone d'un nombre
de côtés double de celui des côtés du premier, et trouver la
valeur de l'un des côtés du second ; 2° circonscrire au cercle
un polygone régulier du même nombre de côtés, et exprimer le côté du polygone régulier circonscrit, au moyen du
côté du polygone inscrit correspondant.

38. — Inscrire dans un cercle les polygones réguliers de
4, 8, 16, 32..... côtés.

39. — Inscrire dans un cercle les polygones réguliers de
3, 6, 12... côtés.

40. — Inscrire dans un cercle les polygones réguliers de
5, 10, 20... côtés, et ceux de 15, 30, 60... côtés.

41. — Prouver que les polygones réguliers d'un même
nombre de côtés sont semblables, et que leurs contours sont
comme les rayons des cercles auxquels ils sont inscrits ou
circonscrits. — Déduire de cette propriété que les circonférences de cercle sont entre elles comme leurs rayons (en

considérant la circonférence comme un polygone régulier d'un nombre infini de côtés).

42. Exprimer, au moyen du rayon du cercle circonscrit, les périmètres des polygones réguliers de 3, 6 et 10 côtés.

43. — Connaissant le rayon et l'apothème d'un polygone régulier, trouver le rayon et l'apothème d'un autre polygone régulier isopérimètre avec le premier, et d'un nombre double de côtés.

44. — Trouver le rapport approché de la circonférence au diamètre.

45. — Prouver que deux parallélogrammes et que deux triangles de même base et de même hauteur sont équivalents.

46. — Rapport entre les aires de deux rectangles. Mesure de l'aire d'un triangle, d'un rectangle, d'un parallélogramme.

47. — Transformer un polygone en un triangle ou en un carré équivalent. — Mesure de l'aire d'un polygone.

48. — Mesure de l'aire d'un trapèze.

49. — Prouver que le carré construit sur l'hypoténuse d'un triangle rectangle est équivalent à la somme des carrés construits sur les deux autres côtés. — Corollaires qui se déduisent de cette proposition.

50. — Expression du carré construit : 1° sur la somme de deux lignes ; 2° sur la différence de deux lignes.

51. — Expression du rectangle construit sur la somme et sur la différence de deux lignes.

52. — De tous les rectangles isopérimètres, quel est celui dont la surface est la plus grande ?

53. — Construire un carré qui soit égal à la somme ou à la différence de deux carrés donnés. — Construire un carré qui soit à un carré donné comme une ligne est à une autre ligne.

54. — Rapport entre les aires de deux triangles, de deux polygones semblables.

55. — Construire un polygone semblable à un polygone donné, et équivalent à un autre.

56. — Aire d'un polygone régulier. — Aire d'un cercle. — Rapport entre les aires de deux cercles de rayons différents. — Aire d'un secteur et d'un segment de cercle.

57. — Conditions pour qu'une droite et un plan soient respectivement perpendiculaires.

58. — Prouver que, de toutes les droites qu'on peut mener d'un point donné à un plan donné, la perpendiculaire est la plus courte ; que les pieds de toutes les obliques égales sont sur une circonférence de cercle décrite du pied de la perpendiculaire comme centre ; que les obliques sont d'autant plus longues qu'elles s'écartent plus du pied de la perpendiculaire.

59. — Prouver que les angles qui ont leurs côtés parallèles, et les ouvertures dirigées dans le même sens, sont égaux, quoique situés dans des plans différents.

60. — Mesure de l'angle dièdre.

61. — Prouver que l'intersection de deux plans perpendiculaires à un troisième est perpendiculaire à ce dernier.

62. — Prouver que lorsque deux plans parallèles sont coupés par un troisième, les intersections sont parallèles entre elles

63. — Prouver que deux plans parallèles ont leurs perpendiculaires communes.

64. — Prouver que si une droite est perpendiculaire à un plan, la parallèle à cette droite sera perpendiculaire au même plan. — Prouver que les perpendiculaires au même plan sont parallèles entre elles.

65. — Prouver que si une droite est perpendiculaire à un plan, et que si, du pied de cette droite, on abaisse une perpendiculaire sur une droite située dans le plan, toute droite qui joindra le pied de cette seconde perpendiculaire avec un point de la première, sera perpendiculaire à la droite située dans le plan. — Plus courte distance de deux droites qui ne se rencontrent pas et ne sont pas parallèles.

66. — Les parallèles comprises entre plans parallèles sont

égales. — Deux droites comprises entre plans parallèles sont coupées en parties proportionnelles.

67. — Prouver que si deux plans sont perpendiculaires entre eux, toute droite élevée, par un point de leur intersection, perpendiculairement à l'un de ces plans, sera située dans l'autre.

68. — Prouver que la somme de deux quelconques des angles plans qui composent un angle trièdre est toujours plus grande que le troisième.

69. — Prouver que la somme des angles plans qui forme un angle polyèdre convexe est toujours moindre que quatre angles droits.

70. — Egalité et symétrie des angles trièdres.

71. — Egalité et symétrie des tétraèdres. — Similitude des tétraèdres.

72. — Similitude des pyramides.— Faire voir qu'en coupant une pyramide par un plan parallèle à la base, on en retranche une pyramide qui lui est semblable. — Trouver la hauteur d'une pyramide, lorsqu'on connaît les dimensions d'un tronc à bases parallèles. — Rapport entre les sections faites parallèlement à la base à la même distance des sommets dans deux pyramides.

73. — Prouver que les diagonales d'un parallélipipède se coupent mutuellement en parties égales.

74. — Décomposition d'un polyèdre en pyramides triangulaires. — Conditions d'égalité de deux polyèdres.

75. — Polyèdres semblables. — Proportionnalité des arêtes, des diagonales des faces homologues, et des diagonales intérieures. — Proportionnalité des aires aux carrés des arêtes homologues.

76. — Prouver que deux parallélipipèdes de même base et de même hauteur sont équivalents. — Prouver que si l'on forme sur la base d'un prisme triangulaire un parallélogramme, et que si l'on élève sur ce parallélogramme, pris pour base, un parallélipipède de même hauteur que le pris-

me triangulaire, le volume de ce prisme sera la moitié du volume du parallélipipède.

77. — Prouver que deux prismes triangulaires de même base et de même hauteur sont équivalents. — Prouver que deux tétraèdres de même base et de même hauteur sont équivalents. — Prouver qu'un tétraèdre est équivalent au tiers du prisme triangulaire de même base et de même hauteur.

78. — Mesure du volume d'un parallélipipède. — Mesure du volume d'un prisme. — Mesure du volume d'un tétraèdre et d'une pyramide. — Mesure du volume d'un prisme triangulaire tronqué.

79. — Prouver que les volumes de deux polyèdres semblables sont entre eux comme les cubes des côtés homologues.

80. — Aire du cône droit à base circulaire. — Aire du tronc de cône droit à bases parallèles.

81. — Volume d'une pyramide inscrite au cône. — Volume d'un cône. — Volume d'un tronc de cône à bases parallèles.

82. — Aire de la surface convexe d'un cylindre droit à base circulaire.

83. — Volume d'un prime inscrit au cylindre. — Volume d'un cylindre.

84. — Prouver que toute section de la sphère faite par un plan est un cercle. — Grands cercles, petits cercles, leurs pôles.

85. — Prouver que la somme des côtés d'un triangle sphérique ou de tout polygone sphérique est moindre que la circonférence d'un grand cercle. — Prouver que dans tout triangle sphérique, un côté quelconque est plus petit que la somme des deux autres.

86. — Prouver que tout plan perpendiculaire à l'extrémité du rayon est tangent à la sphère.

87. — Mesure de l'angle de deux arcs de grands cercles.

88. — Expression de l'aire convexe engendrée par une

portion de polygone régulier inscrite au cercle générateur de la sphère.

89. — Expression du volume engendré par un secteur polygonal correspondant à une portion de polygone régulier et tournant autour d'un diamètre.

90. — Surface d'une zone sphérique.

91. — Surface de la sphère.

92. — Volume du secteur sphérique. — Volume de la sphère.

93. — Volume du segment sphérique.

94. — Définition de l'ellipse, de la parabole, de l'hyperbole, et tracé géométrique de ces courbes.

TABLE de concordance entre les numéros tirés au sort et les numéros du Questionnaire de Géométrie.

NUMÉROS									
du tirage au sort.	du Questionnaire de GÉOMÉTRIE.	du tirage au sort.	du Questionnaire de GÉOMÉTRIE.	du tirage au sort.	du Questionnaire de GÉOMÉTRIE.	du tirage au sort.	du Questionnaire de GÉOMÉTRIE.	du tirage au sort.	du Questionnaire de GÉOMÉTRIE.
1	1 et 57	11	11 et 62	21	21 et 81	31	31 et 54	41	41 et 55
2	2 — 58	12	12 — 93	22	22 — 82	32	32 — 91	42	42 — 56
3	3 — 59	13	13 — 92	23	23 — 78	33	33 — 82	43	43 — 76
4	4 — 60	14	14 — 63	24	24 — 80	34	34 — 81	44	44 — 94
5	5 — 71	15	15 — 91	25	25 — 66	35	35 — 80	45	45 — 67
6	6 — 88	16	16 — 64	26	26 — 72	36	36 — 78	46	46 — 68
7	7 — 73	17	17 — 90	27	27 — 51	37	37 — 84	47	47 — 69
8	8 — 89	18	18 — 87	28	28 — 52	38	38 — 83	48	48 — 74
9	9 — 79	19	19 — 92	29	29 — 53	39	39 — 85	49	49 — 75
10	10 — 61	20	20 — 65	30	30 — 70	40	40 — 86	50	50 — 77

Énoncés des Tracés de Géométrie.

1. — Étant donnés les 7 premiers côtés et les six premiers angles d'un polygone de 8 côtés *abcdefgh*, tracer le polygone et déterminer le dernier côté et les deux derniers angles.

Le tracé sera exécuté à l'échelle de $0^m,001$ pour $1^m,000$.

| DONNÉES. ||
CÔTÉS.	ANGLES.
$ab =$	$abc =$
$bc =$	$bcd =$
$cd =$	$cdc =$
$de =$	$def =$
$ef =$	$efg =$
$fg =$	$fgh =$
$gh =$	
RÉSULTATS.	
$ha =$	$gha =$
	$hab =$

2. — Étant données les longueurs des 7 premiers côtés d'un polygone *abcdefgh* de 8 côtés et les angles qu'ils forment avec une ligne donnée, tracer le polygone et déterminer la longueur et la direction du dernier côté.

Les directions seront rapportées à une ligne perpendiculaire au bas de la feuille de papier et le tracé sera exécuté à l'échelle de $0^m,001$ pour $1^m,000$.

| DONNÉES. |||
CÔTÉS.	LONGUEUR.	ANGLES.
$ab =$		
$bc =$		
$cd =$		
$de =$		
$ef =$		
$fg =$		
$gh =$		
RÉSULTATS.		
$ha =$		

3. — Les sommets d'un polygone *abcdefgh* étant donnés par la longueur des droites qui les joignent à un point unique O et par les inclinaisons de ces lignes sur une droite OH, déterminer la longueur des côtés et la grandeur des angles du polygone. La droite OH sera parallèle au bas de la feuille de papier et le tracé sera exécuté à l'échelle de $0^m,001$ pour $1^m,000$.

SOMMETS.	DONNÉES.		RÉSULTATS.	
	Long^{rs}.	Inclin^s.	Angles.	Côtés.
	mètres	degrés	degrés.	mètres.
a			*hab* =	*ab* =
b			*abc* =	*bc* =
c			*bcd* =	*cd* =
d			*cde* =	*de* =
e			*def* =	*ef* =
f			*efg* =	*fg* =
g			*fgh* =	*gh* =
h			*gha* =	*ha* =

4. — Un certain nombre de points *a*, *b*, *c*, *d*, *e*, *f*, *g*, *h*, étant donnés par la longueur des lignes droites que les joignent à un point unique O et par l'inclinaison de ces lignes sur une droite unique OH, déterminer les longueurs des perpendiculaires abaissées de ces points sur la droite OH et les distances au point O des pieds des perpendiculaires.

DÉSIGNATION DES POINTS.	DONNÉES.		RÉSULTATS.	
	Inclinaisons sur OH.	Distances au point O.	Longueurs des perpendiculaires sur OH.	Distances au point O.
a				
b				
c				
d				
e				
f				
g				
h				

5. — Un certain nombre de points étant donnés par la longueur des perpendiculaires abaissées de ces points sur une droite OH et par les distances des pieds de ces perpendiculaires à un point O de cette droite, déterminer la longueur des droites qui joignent ces divers points au point O et les inclinaisons de ces droites sur la ligne OH.

DÉSIGNATION DES POINTS.	DONNÉES.		RÉSULTATS.	
	Longueurs des perpendiculaires sur OH.	Distances des pieds des perpend. au point O.	Distances au point O.	Inclinaisons sur OH.
a				
b				
c				
d				
e				
f				
g				
h				

6. — Élever une perpendiculaire à l'extrémité d'une droite au moyen de la propriété des lignes dont les longueurs sont proportionnelles aux nombres 3, 4, 5.

7. — Un triangle *abc* étant donné par ses trois côtés, tracer le cercle circonscrit et en déterminer le rayon.

DONNÉES.	RÉSULTATS.
ab *bc* *ca*	Rayon=

8. — Tracer un cercle tangent à une droite donnée *ab* en un point donné *a* et passant par un second point donné *c*; en déterminer le rayon.

Le point *c* est déterminé par la longueur de la perpendiculaire *cb* sur *ab* et par la distance *ba* du pied de la perpendiculaire au point *a*.

DONNÉES.	RÉSULTATS.
ab= *cb*=	Rayon=

9. — Tracer un cercle tangent à une droite *ab* en un point *a*, et à une seconde droite *bc* en un point quelconque.

DONNÉES.	RÉSULTATS.
ab= *bc*=	Rayon=

10. — Par un point donné en dehors d'un cercle mener une tangente à ce cercle.

DONNÉES.
Rayon. Distance au centre.

11. — Deux cercles étant donnés par leurs rayons et par la distance de leurs centres, mener les tangentes communes aux deux cercles. (4 solutions.)

DONNÉES.
Rayons. Distance des centres.

12. — Une droite *bc* et les deux angles adjacents *abc*, *bcd*, étant donnés, tracer un cercle tangent aux trois droites *ab*, *bc*, *cd*. (Une seule solution.)

DONNÉES.	RÉSULTATS.
$bc=$	Rayon$=$
$abc=$	
$bcd=$	

13. — Trois droites qui se coupent étant données, tracer les cercles tangents à ces trois lignes. (4 solutions.)

Déterminer les rayons r, r_a, r_b, r_c, des cercles tangents. La position des droites est déterminée par la longueur des trois côtés du triangle qu'elles forment en se coupant.

DONNÉES.	RÉSULTATS.
$bc=$	$r=$
$ca=$	$r_a=$
$ab=$	$r_b=$
	$r_c=$

14. — Une portion de polygone *abcdefg* étant donnée par la longueur des côtés et les angles adjacents, circonscrire une série d'arcs de cercle tangents entre eux aux sommets de polygones.

Nota. On tracera un arc de cercle passant par les trois premiers points *a*, *b*, *c*; puis un second arc de cercle tangent au premier arc au point *c* et passant par le point *d*; puis un troisième arc tangent au second arc au point *d* et passant par le point *e*, et ainsi de suite.

DONNÉES.	
CÔTÉS.	ANGLES.
$ab=$	$abc=$
$bc=$	$bcd=$
$cd=$	$cde=$
$de=$	$def=$
$ef=$	$efg=$
$fg=$	$...=$

15. — Une portion de polygone *abcdefg* étant donnée par la longueur des côtés et les angles adjacents, inscrire une série d'arcs de cercles tangents entre eux.

Nota. On tracera un arc de cercle tangent aux trois premiers côtés *ab*, *bc*, *cd*; puis un second arc de cercle tangent au côté *cd* au point de contact du premier arc et tangent au 4ᵉ côté; et ainsi de suite.

DONNÉES.	
CÔTÉS.	ANGLES.
$ab=$	$abc=$
$bc=$	$bcd=$
$cd=$	$cde=$
$de=$	$def=$
$ef=$	$efg=$
$fg=$	

16. — Une ligne étant donnée, comme corde, tracer l'arc de cercle capable d'un angle donnée.

DONNÉES.	
Corde.	Angle.

17. — Connaissant les angles sous lesquels sont vues d'un point S les deux droites ab, bc, déterminer le point S et les distances aux trois points a, b, c (échelle de 0ᵐ,001 pour 1ᵐ,000).

DONNÉES.	RÉSULTATS.
$ab =$	$Sa =$
$bc =$	$Sb =$
$abc =$	$Sc =$
$aSb =$	
$bSc =$	

18. — Connaissant les angles sous lesquels sont vues d'un point S et d'un point T deux lignes ab, bc, déterminer la distance des points S et T entre eux. Les points S et T sont supposés dans l'angle abc. Échelle de   pour 1ᵐ,000.

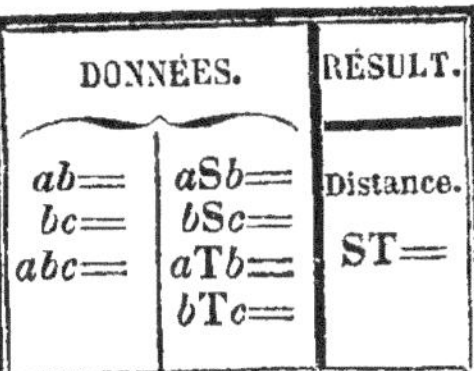

DONNÉES.		RÉSULT.
$ab =$	$aSb =$	Distance.
$bc =$	$bSc =$	$ST =$
$abc =$	$aTb =$	
	$bTc =$	

19. — Dans deux triangles abc, abd, la base commune ab et les angles adjacents étant donnés, déterminer la distance des deux sommets entre eux et leurs distances ch, dk, à la base ab. Echelle de   pour 1ᵐ,000.

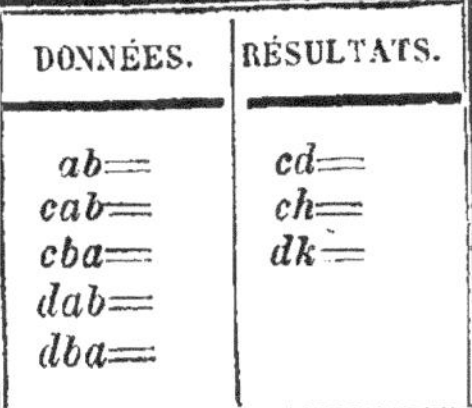

DONNÉES.	RÉSULTATS.
$ab =$	$cd =$
$cab =$	$ch =$
$cba =$	$dk =$
$dab =$	
$dba =$	

20. — Un angle étant donné, le diviser successivement en 2, 4, 8, 16 parties égales.

DONNÉES.
Angle.

21. — Un cercle étant donné par son rayon, inscrire et circonscrire des polygones réguliers de 3, de 6, de 12 et de 24 côtés.

DONNÉES.
Rayon =

22. — Un cercle étant donné par son rayon, inscrire et circonscrire des polygones réguliers de 4, de 8, de 16 et de 32 côtés.

DONNÉES.
Rayon =

23. — Un cercle étant donné par son rayon , inscrire et circonscrire des polygones réguliers de 5, de 10 et de 20 côtés.

DONNÉES.
Rayon =

24. — Un cercle étant donné par son rayon , inscrire et circonscrire des polygones réguliers de 15 et de 30 côtés.

DONNÉES.
Rayon =

25. — Un cercle étant donné par son rayon, inscrire et circonscrire un polygone régulier de côtés.

On procédera à l'aide du rapporteur et par le moyen des angles au centre égaux entre eux et en nombre égal au nombre des côtés proposés.

DONNÉES.
Rayon =   Nombre de côtés.

TABLE de concordance entre les numéros tirés au sort et les numéros du Questionnaire des Tracés de Géométrie.

NUMÉROS									
du tirage au sort.	du Questionnaire DES TRACÉS de GÉOMÉTRIE.	du tirage au sort.	du Questionnaire DES TRACÉS de GÉOMÉTRIE.	du tirage au sort.	du Questionnaire DES TRACÉS de GÉOMÉTRIE.	du tirage au sort.	du Questionnaire DES TRACÉS de GÉOMÉTRIE.	du tirage au sort.	du Questionnaire DES TRACÉS de GÉOMÉTRIE.
1	1 et 6	11	11 et 25	21	21 et 13	31	6 et 4	41	16 et 20
2	2 — 8	12	2 — 21	22	22 — 11	32	7 — 2	42	17 — 24
3	3 — 9	13	13 — 19	23	23 — 12	33	8 — 5	43	18 — 11
4	4 — 10	14	14 — 16	24	24 — 10	34	9 — 18	44	19 — 15
5	5 — 12	15	15 — 19	25	25 — 17	35	10 — 14	45	20 — 14
6	6 — 3	16	16 — 22	26	1 — 12	36	11 — 25	46	21 — 13
7	7 — 1	17	17 — 23	27	2 — 10	37	12 — 22	47	22 — 17
8	8 — 4	18	18 — 7	28	3 — 8	38	13 — 16	48	23 — 16
9	9 — 2	19	19 — 14	29	4 — 9	39	14 — 19	49	24 — 9
10	10 — 5	20	20 — 15	30	5 — 6	40	15 — 20	50	25 — 7

Questionnaire d'Algèbre.

1. — Addition et soustraction des quantités algébriques.

2. — Multiplication des quantités algébriques. — Emploi des exposants. — Règles des signes. — Ordonner un polynome.

3. — Division des quantités algébriques. — Exposant zéro. — Comment on reconnaît si l'opération ne peut se terminer.

4. — Résolution des équations numériques du 1er degré à une inconnue, ou à plusieurs inconnues, par la méthode dite *de substitution*.

5. — Des cas d'impossibilité ou d'indétermination dans les équations du 1er degré. — Interprétation des symboles $\dfrac{m}{0}, \dfrac{0}{0}$.

6. — Interprétation des valeurs négatives. — Usage et calcul des quantités négatives.

7. — Recherche des formules générales propres à donner les valeurs des inconnues d'un système d'équation du 1er degré à deux inconnues. (Méthode de Bezout.)

8. — Recherche des formules générales propres à donner les valeurs des inconnues d'un système d'équation du 1er degré à trois inconnues.

9. — Discussion complète des formules d'un système d'équation du 1er degré à deux inconnues.

10. — Discussion de trois équations du 1er degré à trois

inconnues dans lesquelles les termes indépendants des inconnues sont nuls.

11. — Applications numériques des formules pour la résolution des équations du 1ᵉʳ degré à une, deux, trois inconnues.

12. — Calcul des radicaux du 2ᵉ degré.

13. — Résolution d'une équation du 2ᵉ degré à une inconnue. — Double solution. — Valeurs imaginaires.

14. — Applications numériques à la résolution d'une équation du 2ᵉ degré à une inconnue.

15. — Prouver que, lorsque dans l'équation

$$ax^2 + bx + c, = 0$$

a converge vers zéro, une des racines croit indéfiniment. Calcul numérique des deux racines lorsque a est très petit.

16. — Décomposition du trinome $x^2 + px + q = 0$ en facteurs du 1ᵉʳ degré par rapport à x.

17. — Prouver que, si a est racine de l'équation

$$x^2 + px + q = 0,$$

le 1ᵉʳ membre de cette équation est divisible par $x - a$, et réciproquement.

18. — Relations entre les coefficients et les racines de l'équation du 2ᵉ degré $x^2 + px + q = 0$.

19. — Conditions pour que les racines d'une équation du 2ᵉ degré soient : 1° réelles et inégales, 2° réelles et égales, 3° de même signe ou de signe contraire, 4° imaginaires.

20. — Equations trinomes réductibles au 2ᵉ degré.

21. — Equations binomes réductibles au 2ᵉ degré.

22. — Des maxima et des minima qui peuvent se déterminer par des équations du second degré.

23. — Exposants négatifs. — Exposants fractionnaires.

24. — Définitions relatives aux progressions arithmétiques. — Trois de ces quatre quantités, le premier terme, la raison, le nombre des termes, le dernier terme qu'on considère, étant données, déterminer la quatrième.

25. — Entre deux nombres donnés insérer un certain nombre de moyens arithmétiques.

26. — Prouver que, si l'on insère entre les termes consécutifs d'une progression arithmétique un même nombre de moyens arithmétiques, tous les termes seront en progression arithmétique.

27. — Trouver la somme d'un nombre quelconque de termes d'une progression arithmétique.

28. — Définitions relatives aux progressions géométriques. — Trois de ces quatre quantités, le premier terme, la raison, le nombre des termes, le dernier terme, étant données, déterminer la quatrième.

29. — Entre deux nombres donnés insérer un certain nombre de moyens géométriques.

30. — Prouver que, si l'on insère entre les termes consécutifs d'une progression géométrique un même nombre de moyens géométriques, tous les termes seront en progression géométrique.

31. — Somme d'un nombre quelconque de termes d'une progression géométrique.

32. — Limite de la somme des termes d'une progression géométrique décroissante.

33. — Définition et propriétés des logarithmes.

34. — Usage des logarithmes dont la base est 10. — Caractéristique. — Caractéristique négative.

35. — Un nombre étant donné, trouver son logarithme dans les tables de Callet.

36. — Un logarithme étant donné, trouver le nombre auquel il correspond.

37. — Usage et emploi de la règle à calcul (1).

38. — Règle d'intérêt composé.

---

(1) La question portée au n° 37 sera remplacée, dans les examens oraux en 1851, par la question correspondant au n° 34.

39. — Problèmes sur les annuités.

40. — Problèmes conduisant à une équation du 1er degré.

41. — Problèmes conduisant à une équation du 2e degré.

42. — Problèmes des courriers. — Détermination du point de rencontre de deux mobiles parcourant la même ligne, en partant de deux points déterminés, avec des vitesses données.

43. — Problème des lumières.— Détermination du point également éclairé par deux lumières d'intensités données.

44. — Partager une quantité donnée en deux parties dont le produit soit un maximum.

45. — Déterminer, parmi tous les rectangles isopérimètres, celui dont la surface est un maximum.

TABLE de concordance entre les numéros tirés au sort et les numéros des Questionnaires d'Algèbre et de Trigonométrie.

| NUMÉROS | | | | | | | | | | | | | | |
du tirage au sort.	des Questionnaires d'Algèbre.	de Trigonom.	du tirage au sort.	des Questionnaires d'Algèbre.	de Trigonom.	du tirage au sort.	des Questionnaires d'Algèbre.	de Trigonom.	du tirage au sort.	des Questionnaires d'Algèbre.	de Trigonom.	du tirage au sort.	des Questionnaires d'Algèbre.	de Trigonom.
1	1	30	11	11	32	21	21	24	31	31	19	41	41	4
2	2	28	12	12	33	22	22	35	32	32	20	42	42	5
3	3	1	13	13	26	23	23	36	33	33	21	43	43	6
4	4	3	14	14	27	24	24	37	34	34	22	44	44	7
5	5	4	15	15	28	25	25	38	35	35	23	45	45	8
6	6	16	16	16	29	26	26	14	36	36	24	46	4	9
7	7	17	17	17	30	27	27	15	37	37	25	47	13	10
8	8	22	18	18	31	28	28	16	38	38	1	48	34	11
9	9	23	19	19	32	29	29	17	39	39	2	49	35	12
10	10	26	20	20	33	30	30	18	40	40	3	50	36	13

Questionnaire de Trigonométrie.

1. — Définitions des lignes trigonométriques. — Relations entre les lignes trigonométriques d'un même arc ; expression du sinus et du cosinus en fonction de la tangente.

2. — Calcul des valeurs des sinus, cosinus, tangentes, des arcs de 45°, 60°, 30.

3. — Connaissant le sinus et le cosinus de deux arcs, trouver le sinus et le cosinus de leur somme.

4. — Connaissant le sinus et le cosinus de deux arcs, trouver le sinus et le cosinus de leur différence.

5. — Connaissant la tangente de deux arcs, trouver la tangente de leur somme.

6. — Connaissant la tangente de deux arcs, trouver la tangente de leur différence.

7. — Calculer $\sin 2a$, $\sin 3a$, en fonction de $\sin a$ et de $\cos a$.

8. — Calculer $\cos 2a$, $\cos 3a$, en fonction de $\sin a$ et de $\cos a$.

9. — Calculer $\tang 2a$, $\tang 3a$ en fonction de $\tang a$.

10. — Connaissant $\sin a$, calculer $\sin \frac{1}{2}a$ et $\cos \frac{1}{2}a$.

11. — Connaissant $\cos a$, calculer $\cos \frac{1}{2}a$ et $\sin \frac{1}{2}a$.

12. — Connaissant $\tang a$, calculer $\tang \frac{1}{2}a$.

13. — Rendre calculable par logarithmes la somme de 2 sinus ou de 2 cosinus.

14. — Rendre calculable par logarithmes la somme de 2 tangentes.

15. — Construction des tables trigonométriques.

16. — Usage des tables sexagésimales de Callet.

17. — Relations entre les côtés et les angles d'un triangle rectangle.

18. — Connaissant l'hypoténuse et un des angles aigus d'un triangle rectangle, trouver les autres parties du triangle.

19. — Connaissant l'hypoténuse et un des côtés de l'angle droit d'un triangle rectangle, trouver les autres parties du triangle.

20. Connaissant un côté de l'angle droit d'un triangle rectangle et un des angles aigus, trouver les autres parties du triangle.

21. — Connaissant les 2 côtés de l'angle droit d'un triangle rectangle, trouver les autres parties du triangle.

22. — Prouver que dans tout triangle rectiligne les côtés sont proportionnels aux sinus des angles opposés.

23. — Prouver que, dans tout triangle rectiligne, a, b, c, étant les trois côtés, et A l'angle opposé au côté a, on a la relation $a^2 = b^2 + c^2 - 2bc \cos A$.

24. — Prouver que dans tout triangle rectiligne, a et b étant 2 côtés, A et B les angles opposés, on a la relation

$$\frac{a+b}{a-b} = \frac{\tan \dfrac{A+B}{2}}{\tan \dfrac{A-B}{2}}$$

25. — Prouver que, dans tout triangle rectiligne, a, b, c, étant les 3 côtés, p leur demi-somme, A l'angle opposé au côté a, on a les relations

$$\sin \tfrac{1}{2} A = \sqrt{\frac{(p-b)(p-c)}{bc}}, \quad \cos \tfrac{1}{2} A = \sqrt{\frac{p(p-a)}{bc}}.$$

$$\tan \tfrac{1}{2} A = \sqrt{\frac{(p-b)(p-c)}{p(p-a)}}.$$

26. — Connaissant un côté et 2 angles d'un triangle rectiligne quelconque, trouver les autres parties du triangle.

27. — Connaissant un côté et 2 angles d'un triangle
rectiligne quelconque, trouver la surface du triangle.

28. — Connaissant dans un triangle rectiligne quelconque 2 côtés et l'angle compris, trouver les autres parties
du triangle.

29. — Connaissant dans un triangle rectiligne quelconque 2 côtés et l'angle compris, trouver la surface du triangle.

30. — Connaissant dans un triangle rectiligne quelconque
2 côtés et l'angle opposé à l'un d'eux, trouver les autres
parties du triangle.

31. — Connaissant dans un triangle rectiligne quelconque 2 côtés et l'angle opposé à l'un d'eux, trouver la surface du triangle.

32. — Connaissant les 3 côtés d'un triangle, trouver les
3 angles. — Emploi de la formule qui donne la tangente de
la moitié de l'angle en fonction des 3 côtés.

33. — Connaissant les 3 côtés d'un triangle, en trouver
la surface.

34. — Prouver au moyen des formules trigonométriques
que, si l'on donne les 3 angles d'un triangle, les côtés restent
indéterminés, et qu'on peut seulement déterminer leur rapport.

35. — Déterminer la distance d'un point accessible à un
point inaccessible.

36. — Déterminer la distance entre deux points inacces-
sibles.

37. — Déterminer la hauteur d'un édifice dont le pied est
accessible.

38. — Déterminer la hauteur d'une tour dont le pied
est inaccessible.

Questionnaire

DE GÉOMETRIE DESCRIPTIVE.

———

1. — Par deux points donnés faire passer une droite et déterminer la distance de ces deux points.

2. — Étant donné un point d'une droite, trouver les projections d'un deuxième point de cette droite distant du premier d'une longueur donnée.

3. — Une droite étant donnée par ses projections, trouver les traces de cette droite, et réciproquement. — Par un point donné dans l'espace, mener une droite parallèle à une droite donnée.

4. — Examen des diverses positions d'une droite par rapport aux deux plans de projection et des positions correspondantes de ses projections. — Cas où la droite est parallèle ou perpendiculaire soit à l'un des plans de projection, soit à la ligne de terre.

5. — Construire le plan qui passe par trois points ou par deux droites données. Emploi d'un plan auxiliaire de projection dans le cas où les traces des droites se trouveraient hors du plan du tableau.

6. — Prouver que les projections d'une droite perpendiculaire à un plan sont respectivement perpendiculaires aux traces de ce plan, et réciproquement.

7. — Prouver que les traces de deux plans parallèles sont respectivement parallèles. — Réciproque. — Cas particulier où les traces sont parallèles à la ligne de terre.

8. — Par un point donné mener un plan parallèle à un plan donné. Emploi d'un plan auxiliaire de projection lorsque la trace de la parallèle à un des plans de projection menée par le point sort du plan du tableau.

9. — Deux plans étant donnés, trouver les projections de leur intersection. — Trois plans étant donnés, trouver les projections de leur intersection.

10. — Une droite et un plan étant donnés, trouver les projections du point où la droite rencontre le plan.

11. — Par un point donné, mener une droite qui rencontre deux droites données.

12. — Par un point donné, mener une droite perpendiculaire à un plan donné, et construire les projections du point de rencontre de la droite et du plan.

13. — Étant donnée l'une des projections d'un point ou d'une droite situés dans un plan, trouver l'autre projection. — Étant donnée une droite dans un plan rabattu autour d'une de ses traces, construire les projections de la droite, lorsque le plan est ramené dans sa première position.

14. — Déterminer l'horizontale et la parallèle au plan vertical situées dans un plan donné et menées par un point de ce plan.

15. — Par un point donné, mener un plan perpendiculaire à une droite donnée.

16. — Par un point donné, mener un plan perpendiculaire à deux plans donnés.

17. — Par un point donné, mener un plan parallèle à deux droites données.

18. — Par un point donné, mener une parallèle à deux plans donnés.

19. — Construire la distance de deux plans parallèles donnés.

20. — Deux droites qui se coupent étant données, construire l'angle qu'elles forment entre elles. — Trouver la bissectrice de l'angle de deux droites qui se coupent.

21. — Angles d'un plan avec les plans de projection. Par une droite mener un plan qui fasse un angle donné avec les plans de projection.

22. — Angle d'une droite avec les plans de projection. — Trouver l'angle des deux traces d'un plan.

23. — Construire l'angle de deux plans donnés. Trouver le plan bissecteur de l'angle de deux plans donnés.

24. — Construire l'angle formé par une droite et par un plan.

25. — Construire la distance d'un point donné à une droite donnée.

26. — Connaissant la projection horizontale d'un polygone situé dans un plan donné, en trouver la projection verticale et la vraie grandeur.

27. — Étant donné un polygone situé dans un plan rabattu autour d'une de ses traces, construire les projections de ce polygone, lorsque le plan est ramené dans sa première position.

28. — Trouver les projections du centre et le rabattement d'un cercle passant par trois points donnés au moyen de leurs projections.

29. — Construire les projections d'un polygone régulier inscrit dans un cercle situé dans un plan donné et dont on connaît le centre et le rayon.

30. — Trouver l'intersection d'une droite et d'une sphère dont on connaît le centre et le rayon.

31. — Connaissant l'une des projections d'un point d'une

sphère dont le centre et le rayon sont donnés, trouver l'autre projection.

32. — Trouver le centre et le rayon du cercle d'intersection d'un plan et d'une sphère. Construire le rabattement de ce cercle.

33. — Trouver l'intersection d'une droite avec un cylindre à base circulaire.

34. — Trouver l'intersection d'une droite avec un cône à base circulaire.

35. — Étant données les trois faces d'un angle trièdre, trouver les trois angles dièdres.

36. — Une droite ou un plan étant donnés, trouver les projections de la droite, ou les traces du plan sur un nouveau plan de projection.

37. — Trouver les projections de l'intersection par un plan d'un prisme dont les arêtes sont verticales. Rabattement de cette intersection. Développement sur une des faces du prisme.

38. — Trouver les projections de l'intersection par un plan, d'une pyramide. Rabattement de cette intersection. Développement sur une des faces de la pyramide.

TABLE de concordance entre les numéros tirés au sort et les numéros du Questionnaire de Géométrie descriptive.

NUMÉROS									
du tirage au sort.	du Questionnaire de GÉOMÉTRIE descriptive.	du tirage au sort.	du Questionnaire de GÉOMÉTRIE descriptive.	du tirage au sort.	du Questionnaire de GÉOMÉTRIE descriptive.	du tirage au sort.	du Questionnaire de GÉOMÉTRIE descriptive.	du tirage au sort.	du Questionnaire de GÉOMÉTRIE descriptive.
1	1 et 37	11	11 et 27	21	21 et 17	31	31 et 7	41	10 et 32
2	2 — 36	12	13 — 26	22	22 — 16	32	32 — 6	42	22 — 30
3	3 — 35	13	14 — 25	23	23 — 15	33	33 — 5	43	23 — 26
4	4 — 34	14	15 — 24	24	24 — 14	34	34 — 4	44	26 — 23
5	5 — 33	15	12 — 23	25	25 — 13	35	35 — 3	45	30 — 22
6	6 — 32	16	16 — 22	26	26 — 12	36	36 — 2	46	32 — 20
7	7 — 31	17	17 — 21	27	27 — 11	37	37 — 1	47	33 — 13
8	8 — 30	18	18 — 20	28	28 — 10	38	33 — 36	48	34 — 11
9	9 — 29	19	19 — 38	29	29 — 9	39	11 — 34	49	37 — 9
10	10 — 28	20	20 — 18	30	30 — 8	40	13 — 33	50	38 — 19

Questionnaire de Cosmographie.

——

1. — Distances angulaires des étoiles. — Sont-elles ri-
goureusement constantes ? — Sphère céleste.

2. — Verticale, zénith, nadir, horizon. — Mouvement
diurne apparent des étoiles. — Culmination. — Plan méridien. — Points cardinaux.

3. — Axe du monde. — Pôles. — Etoiles circumpolaires.
Etoile polaire. — Hauteur du pôle à Paris. — Equateur,
parallèles célestes.

4. — Jour sidéral. — Mouvement de rotation de la terre
autour de la ligne des pôles.

5. — Différences des étoiles en ascension droite. — Déclinaisons. — Globe céleste. — Conversion du temps en
degrés, et réciproquement.

6. — Description du ciel. — Constellations. Grande et
Petite Ourse, Cassiopée, Pégase, le Taureau, le Lion, les
Gémeaux.

7. — Etoiles de diverses grandeur. Combien en voit-on
à l'œil nu ? — Polaire, Sirius.

8. — Etoiles périodiques. — Etoiles temporaires. —
Etoiles colorées. — Etoiles doubles. — Distance immense
des étoiles à la terre. — 61° du Cygne. — Voie lactée. —
Nébuleuses. Nébuleuses résolubles.

9. — Phénomènes qui donnent une première idée de la
forme de la terre. — Pôles, parallèles, équateur, méridiens
terrestres. — Premier méridien. — Longitude et latitude

géographique. — Hauteur du pôle à Paris. — Tropiques ; cercles polaires, zones.

10. — Valeurs comparatives des degrés à différentes latitudes, leur allongement à mesure qu'on s'approche des pôles. — Rayon terrestre. — Preuves de l'aplatissement de la terre. — Détermination de la longueur du mètre.

11. — Notions succinctes sur les cartes géographiques. — Idée des projections orthographiques, stéréographiques, coniques. — Mappemondes. (*On admettra, sans les démontrer, les principes sur lesquels ces projections sont fondées.*)

12. — Atmosphère terrestre; idée de son étendue ; son effet sur la direction des rayons lumineux et sur la hauteur apparente des étoiles.

13. — Mouvement annuel apparent du soleil. Cercle qu'il semble décrire sur la sphère céleste. — Ecliptique, son inclinaison à l'équateur. — Points équinoxiaux. — Constellations zodiacales.

14. — Diamètre apparent du soleil. — Orbite elliptique qu'il semble décrire. — Proportionnalité des aires aux temps.

15. — Origine des ascensions droites. — Ascension droite du soleil. — Temps solaires vrai et moyen. — Equation du temps. Principes des cadrans solaires, leur usage.

16. — Année tropique. — Sa valeur en jours moyens. — Calendrier. — Réforme julienne, réforme grégorienne.

17. — Parallaxe du soleil. — Distance du soleil à la terre. — Rapports de leurs masses et de leurs volumes. — Rapport entre la densité du soleil et celle de la terre.

18. — Taches du soleil. — Rotation du soleil sur lui-même. — Idée prédominante sur la constitution physique du soleil. Lumière zodiacale.

19. — Durée des jours et des nuits, 1° pour un même lieu de la terre à diverses époques de l'année, aux équinoxes et aux solstices; 2° à la même époque, pour des lieux diffé-

rents, à l'équateur, aux tropiques, aux cercles polaires, aux pôles. Crépuscule. Sa durée variable.

20. — Saisons. — Causes de leur inégalité. Causes principales des variations de la température en un lieu déterminé de la terre.

21. — Idée de la précession des équinoxes.

22. — Explication des apparences du mouvement du soleil autour de la terre par un mouvement réel de la terre autour du soleil.

23. — Diamètre apparent de la lune. — Phases. — Syzygies. Quadratures. — Lumière cendrée.

24. — Révolutions sidérale et synodique de la lune. — Orbite décrite par la lune autour de la terre.

25. — Parallaxe de la lune. — Distance de la lune à la terre. — Diamètre réel et volume de la lune. Sa masse.

26. — Taches de la lune. — Rotation. — Libration en longitude.

27. — Montagnes de la lune. — Constitution de la lune. — Absence d'eau et d'atmosphère.

28. — Eclipses de lune. — Leurs causes. — Pourquoi n'y en a-t-il pas lors de toutes les oppositions ? Eclipses partielles ou totales. — Ombre et pénombre. — Influence de l'atmosphère terrestre.

29. — Eclipses de soleil. — Leurs causes. — Pourquoi n'y en a-t-il pas lors de toutes les conjonctions ? — Eclipses partielles, annulaires, totales.

30. — Noms des planètes. — Ordre de leurs distances au soleil. — Enoncé des lois de Kepler et du principe de la gravitation universelle.

31. — Planètes inférieures. — Mouvement apparent de Mercure et de Vénus. — Phases de Vénus. — Rotation. — Passages sur le disque du soleil.

32. — Planètes supérieures, Mars, Jupiter, Saturne. — Explication des mouvements apparents (*station et rétrogradation*) par les mouvements réels. — Rotation ; apla-

tissement. Grand nombre de très petites planètes situées entre Mars et Jupiter.

33. — Satellites de Jupiter; leurs éclipses. Comment elles servent à déterminer les longitudes et la vitesse de la lumière.—Anneau et satellites de Saturne.

34. — Comètes ; noyau ; chevelure ; queue. — Petitesse de la masse des comètes. — Nature de leurs orbites. — Comètes périodiques. — Comète de Halley. — Comète de Biéla. Son dédoublement.

35. — Phénomène des marées. — Flux et reflux. — Haute et basse mer. — Circonstances principales du phénomène des marées. Sa période. Ses causes. — Marées des syzygies et des quadratures. — Etablissement d'un port.

TABLE de concordance entre les numéros tirés au sort et les numéros du Questionnaire de Cosmographie.

NUMÉROS									
du tirage au sort.	du Questionnaire de Cosmographie.	du tirage au sort.	du Questionnaire de Cosmographie.	du tirage au sort.	du Questionnaire de Cosmographie.	du tirage au sort.	du Questionnaire de Cosmographie.	du tirage au sort.	du Questionnaire de Cosmographie.
1	1 et 35	11	11 et 25	21	21 et 20	31	31 et 20	41	16 et 4
2	2 — 34	12	12 — 24	22	22 — 19	32	32 — 19	42	19 — 5
3	3 — 33	13	13 — 23	23	23 — 16	33	33 — 18	43	20 — 6
4	4 — 32	14	14 — 35	24	24 — 15	34	34 — 17	44	22 — 7
5	5 — 31	15	15 — 30	25	25 — 14	35	35 — 16	45	23 — 8
6	6 — 30	16	16 — 29	26	26 — 13	36	9 — 15	46	24 — 9
7	7 — 29	17	17 — 28	27	27 — 10	37	10 — 14	47	28 — 10
8	8 — 28	18	18 — 24	28	28 — 9	38	13 — 1	48	29 — 11
9	9 — 27	19	19 — 23	29	29 — 22	39	14 — 2	49	30 — 12
10	10 — 26	20	20 — 22	30	30 — 21	40	15 — 3	50	35 — 13

Questionnaire de Physique.

1. — Etendue ; mesure des longueurs, des angles. Instruments divisés; description et usage du vernier.

2. — Impénétrabilité de la matière ; phénomènes de pénétration apparente.

3. — Divisibilité des corps; exemples.

4. — Porosité; espaces intermoléculaires.

5. — Mobilité ; mouvements absolus ou relatifs.

6. — Mouvement rectiligne ou curviligne d'un point.

7. — Définition du mouvement uniforme et du mouvement varié.

8. — Théorie du mouvement uniforme ; vitesse constante.

9. — Mouvement varié ; vitesse à un instant donné.

10. — Notions sur le pendule. Lois des petites oscillations observées directement. — Pendule à seconde ; mesure du temps.

11. — Inertie. Principe de l'inertie ; exemples.

12. — Forces ; effets divers des forces.

13. — Comment les forces produisent ou altèrent le mouvement; existe-t-il des forces instantanées ?

14. — Idée de la mesure des forces par leurs effets.

15. — Notions sur la composition et sur la décomposition des forces.

16. — Pesanteur; sa direction. — Mouvement vertical des corps dans le vide.

17. — Lois de la chute des corps, déduites, par analogie, des expériences faites avec la machine d'Atwood. — Mouvements circulaires ou rotatoires.

18. — Notions sur la force centrifuge. — Effets de la forme de la terre et de la force centrifuge sur le poids des corps.

19. — Notions sur les centres de gravité. — Détermination de la position du centre de gravité d'un corps par l'expérience.

20. — Poids des corps; leur mesure; unité de poids.

21. — Description de la balance ordinaire. — Vérification et usage.

22. — Détermination du poids spécifique des corps solides et liquides au moyen de la balance.

23. — Détermination du poids spécifique d'un corps soluble dans l'eau.

24. — Expression du poids d'un corps homogène, au moyen de son volume et de son poids spécifique.

25. — Démonstration du principe d'Archimède par le raisonnement (*sans calcul*). Vérification par l'expérience.

26. — Notions sur l'équilibre des corps flottants.

27. — Détermination du poids spécifique d'un corps solide, au moyen de la balance hydrostatique. — Détermination du poids spécifique d'un corps liquide, au moyen de la balance hydrostatique.

28. — Construction et usage des aréomètres à volume constant et à poids constant.

29. — Niveau des liquides; distinction entre les liquides et les fluides élastiques.

30. — Variation de la pression et de la densité de l'air dans les couches horizontales de l'atmosphère.

31. — Principe et construction du baromètre.

cents. — Construction et usage de l'hygromètre condenseur de M. Regnault.

51. — Formation des brouillards, des nuages, de la pluie, de la neige.

52. — Formation des vents.

53. — Explication du verglas, de la rosée, de la gelée blanche.

54. — Principes des attractions et des répulsions électriques.

55. — Distinction des deux électricités. — Déterminer l'espèce d'électricité que contient un corps électrisé.

56. — Corps bons ou mauvais conducteurs des fluides électriques. — Développement de l'électricité par le frottement.

57. — Principe et disposition de la machine électrique.

58. — E'ectrisation par influence; bouteille de Leyde; électrophore.

59. — Manière d'observer l'électricité de l'air serein. — Manière d'observer l'électricité des nuages.

60. — Théorie des paratonnerres; notions sur leur établissement.

61. — Expérience de Galvani; son explication.

62. — Principe et dispositions principales de la pile voltaïque. — Effets divers produits par la pile voltaïque.

63. — Substances magnétiques; corps aimantés. — Propriétés principales des aimants.

64. — Notions sur le magnétisme terrestre. — Aiguilles aimantées; leur usage.

65. — Ce qu'on entend par déclinaison et par inclinaison magnétique.

66. — Aimants artificiels; assigner les noms des pôles d'un aimant.

67. — Corps lumineux. — Corps transparents ; corps opaques ; ombre ; pénombre ; reflets.

68. — Propagation de la lumière.

69. — Variation de l'intensité de la lumière, à raison de l'inclinaison de la surface éclairée, et à raison de la distance du point éclairant.

70. — Loi de la réflexion de la lumière ; miroir plan.

71. — Loi de la réfraction simple de la lumière ; pourquoi une tige droite plongée dans l'eau paraît-elle brisée ?

TABLE de concordance entre les numéros tirés au sort et les numéros du Questionnaire de Physique.

NUMÉROS									
du tirage au sort.	du Questionnaire de PHYSIQUE.	du tirage au sort.	du Questionnaire de PHYSIQUE.	du tirage au sort.	du Questionnaire de PHYSIQUE.	du tirage au sort.	du Questionnaire de PHYSIQUE.	du tirage au sort.	du Questionnaire de PHYSIQUE.
1	1 et 44	11	14 et 54	21	36 et 71	31	51 et 18	41	66 et 37
2	2 — 49	12	16 — 58	22	29 — 72	32	56 — 17	42	67 — 38
3	3 — 45	13	20 — 57	23	41 — 9	33	55 — 19	43	11 — 27
4	4 — 46	14	21 — 60	24	40 — 8	34	53 — 18	44	2 — 17
5	5 — 47	15	22 — 59	25	39 — 72	35	65 — 28	45	13 — 71
6	6 — 49	16	23 — 61	26	42 — 10	36	64 — 27	46	14 — 67
7	7 — 44	17	24 — 60	27	48 — 7	37	63 — 26	47	20 — 62
8	11 — 50	18	30 — 62	28	43 — 10	38	68 — 28	48	21 — 25
9	12 — 53	19	31 — 66	29	50 — 8	39	69 — 32	49	34 — 31
10	13 — 40	20	35 — 70	30	52 — 15	40	70 — 33	50	65 — 16

Questionnaire de Chimie.

1. — Définitions des expressions *chimie, corps simple; corps composé, force de cohésion, affinité chimique, différents états des corps.*

2. — Division des corps simples en métalloïdes et en métaux. Expliquer ce que l'on entend par *équivalents chimiques.* Lois des proportions multiples.

3. — Règles de la nomenclature des oxydes et des acides, et généralement des composés binaires.

4. — Règles de la nomenclature des sels. — Principales exceptions aux règles de la nomenclature.

5. — *Oxygène.* Propriétés physiques. — Principales propriétés chimiques du gaz oxygène; ses caractères distinctifs.

6. — État naturel, préparation du gaz oxygène.

7. — *Hydrogène.* Ses propriétés physiques; ses caractères distinctifs.

8. — État naturel, préparation du gaz hydrogène.

9. — *Protoxyde d'hydrogène* (eau). — État naturel de l'eau. — Objet de sa distillation; comment on l'opère. — Propriétés physiques de l'eau, sa congélation. — Sa propriété dissolvante.

10. — Extraire l'air contenu dans l'eau. — Décomposition de l'eau par la pile.

11. — Synthèse de l'eau dans l'eudiomètre; en quoi elle est insuffisante. Quelles sont les propriétés chimiques les plus importantes de l'eau.

12. — *Azote.* État naturel. — Préparation. — Propriétés physiques de l'azote. — Ses caractères distinctifs.

13. — Faire connaître les principes de l'air atmosphérique et les isoler au moyen du mercure.

14. — Déterminer par l'hydrogène les quantités d'oxygène et d'azote qui entrent dans la composition de l'air.

15. — Déterminer par le phosphore les quantités d'oxygène et d'azote qui entrent dans la composition de l'air.

16. — Donner les preuves de l'existence de l'eau et de l'acide carbonique dans l'air atmosphérique. — Notions sur le rôle que l'air joue dans les phénomènes de la combustion et de la respiration des animaux.

17. — Énoncer les cinq proportions dans lesquelles l'azote peut se combiner avec l'oxygène. — Acide azotique; sa production dans la nature, son extraction de l'azotate de potasse ou de soude.

18. — Propriétés physiques de l'acide azotique; ses principales propriétés chimiques.

19. — Facile décomposition de l'acide azotique par la plupart des corps oxydables.

20. — Acide azotique. — Comment il s'obtient. Ses caractères distinctifs.

21. — *Bioxyde d'azote.* — Sa préparation, ses propriétés physiques, ses caractères distinctifs.

22. — *Protoxyde d'azote.* Sa préparation, ses propriétés physiques, ses caractères distinctifs.

23. — *Ammoniaque.* Son état naturel, sa préparation, sa composition.

24. — Propriétés physiques de l'ammoniaque, ses caractères distinctifs.

25. — Action de l'ammoniaque sur l'air et sur l'oxygène à une température élevée; sur le chlore, à la température ordinaire; sa dissolution dans l'eau; appareil pour préparer l'ammoniaque.

26. — *Soufre.* Son état naturel, son extraction, ses propriétés physiques, sa fusion, sa cristallisation.

27. — Purification du soufre; produit de sa combustion dans l'air; produit de sa combustion rapide par l'azotate de potasse.

28. — *Acide sulfurique.* État naturel; préparation de cet acide à l'état anhydre; ses propriétés physiques, sa composition.

29. — Préparation de l'acide sulfurique du commerce; ses propriétés physiques, ses caractères.

30. — *Acide sulfureux.* Circonstances dans lesquelles il se produit; comment on se le procure.

31. — Caractères distinctifs de l'acide sulfureux; sa composition.

32. — *Acide sulfhydrique.* État naturel, préparation de cet acide; indices de la pureté du produit obtenu.

33. — Action extrêmement délétère du gaz sulfhydrique sur les organes de la respiration; comment la combattre efficacement? Caractères distinctifs de l'acide sulfhydrique; sa composition.

34. — *Chlore.* État naturel, préparation de ce corps; ses propriétés physiques.

35. — Action du chlore sur l'hydrogène, sur l'eau, sur les matières colorantes. Purification de l'air des hôpitaux par le chlore. Caractères distinctifs du chlore.

36. — *Acide chlorhydrique.* État naturel, préparation de ce gaz; ses propriétés physiques.

37. — Caractères distinctifs de l'acide chlorhydrique; sa composition. — Acide chlorhydrique liquide.

38. — *Phosphore.* État naturel, préparation de ce métalloïde.

39. — Propriétés physiques du phosphore; sa combustion lente et sa combustion rapide dans l'air; produits qui en résultent. — Caractères distinctifs du phosphore.

40. — *Hydrogènes phosphorés.* Quand sont-ils inflam-

mables ou non inflammables spontanément ? Comment on se les procure.

41. — *Carbone.* État naturel , préparation de ce corps. Ses propriétés physiques ; les unes constantes, les autres variables.

42. — Action du carbone sur l'oxygène et sur l'air à l'aide de la chaleur. Absorption des gaz et décoloration des liqueurs par le charbon. Variétés de charbon qui conviennent le mieux à l'un ou à l'autre de ces usages.

43. — *Hydrogène protocarboné.* Son état naturel, marais, mines de houille, volcans boueux ; sa préparation ; sa composition.

44. — *Hydrogène bicarboné.* Sa préparation ; comment on le distingue de l'hydrogène protocarboné.

45. — *Gaz de l'éclairage.* Sa composition ; sa préparation ; sa purification ; sa distribution dans les différents quartiers d'une ville ou aux différents étages d'une maison.

46. — *Acide carbonique.* État naturel, préparation de ce corps ; ses propriétés physiques.

47. — Action de l'acide carbonique sur l'économie animale , dans l'acte de la respiration. — Eaux gazeuses. — Caractères distinctifs de l'acide carbonique.

48. — *Oxyde de carbone.* État naturel ; caractères distinctifs ; préparation de cet oxyde ; ses propriétés physiques.

49. — Action de l'oxyde de carbone sur les personnes qui le respirent. — Combustion de l'oxyde de carbone dans l'air et dans l'oxygène.

50. — *Iode.* État naturel ; principales propriétés , préparation ; usage.

Nota. Les 50 *numéros de ce Questionnaire correspondent aux 50 numéros du tirage au sort.*

Questionnaire d'Histoire.

1. Aperçu chronologique des principaux rois de France et des principales époques historiques sous les Mérovingiens, les Carlovingiens et les Capétiens jusqu'à Louis XIV.

2. *Point de départ de l'histoire de France.* — Notions sommaires sur l'empire romain. — Sa division en empire d'Occident et en empire d'Orient.

3. Chute de l'empire d'Occident. — Principaux royaumes et états fondés par suite des invasions barbares. — Invasions particulières à la Gaule. — Rôle des Francs.

4. *État de la Gaule à l'avénement de Clovis.* — Limites et divisions de la Gaule. — Situation géographique des peuples qui l'habitent. — Leur situation morale et politique. — Leurs institutions. — Influence de ces institutions sur la suite de notre histoire.

5. *Wisigoths, Bourguignons.* — Leur origine. — Notions sommaires sur leur histoire. — Religion, mœurs. — Caractère de leur établissement. — Un mot sur les Armoricains, les Saxons, les Allemands, les Arvernes, les milices romaines.

6. *Francs.* — Origine, mœurs, tribus, armes, manière de combattre; histoire sommaire des chefs jusqu'à Clovis. — Établissement définitif dans la Gaule. — Petits royaumes francs.

7. *Clovis* (481-511). — Guerre contre Syagrius. Bataille de Soissons. — Guerre contre les Allemands. Bataille de

Tolbiac. Conversion de Clovis, ses résultats. — Guerre contre les Bourguignons. — Guerre contre les Wisigoths. Bataille de Vouillé ou Vouglé. — Intervention de Théodoric le Grand ; sa puissance. — Bataille d'Arles. — Politique de Clovis à l'égard des autres rois francs. — Étendue des possessions franques à sa mort.

8. *Fils de Clovis* (511-561). — Partage du royaume à la mort de Clovis entre ses fils. — Leurs conquêtes en Germanie et en Bourgogne. — Réunion de la Thuringe. — Bataille de Vezeronce. — Réunion de la Bourgogne. — Théodebert. — Invasion en Italie. — État de ce pays. — Un mot sur Justinien, ses généraux et ses travaux législatifs. — Réunion des possessions franques sous Clotaire Ier. — Chramne. — Nouveau partage à la mort de Clotaire.

9. *Fils et petits-fils de Clotaire Ier* (561-628). — Première lutte de la Neustrie et de l'Austrasie. — Situation géographique des deux pays. — Différences essentielles de leur population. — Causes principales de la lutte. — Frédégonde. — Brunehaut. — Révolte de Gondewald. — Traité d'Andelot. — Guerre entre Clotaire II et Childebert II. — Triomphe momentané de la Neustrie. — Réunion des Francs sous Clotaire II. — Édit de Paris.

10. *Dagobert Ier* (628-638). — Événements de son règne. — Caribert II, roi d'Aquitaine. — Origine des guerres et du duché d'Aquitaine. — Coup d'œil sur la civilisation et l'état social des Francs. — Saint Éloi. — Maires du palais, leur prépondérance en Austrasie.

11. *Successeurs de Dagobert* (638-714). — Premiers rois dits fainéants. — Sigebert II, Clovis II, Thierry III, Childéric II.... — Leur faiblesse. — Lutte des leudes contre eux. — Grimoald, Ebroïn, saint Léger.

12. Seconde lutte entre la Neustrie et l'Austrasie. — Pépin d'Héristal et Martin. — Victoire d'Ebroïn, sa mort. — Bataille de Testry ; ses résultats.

20. Guerres contre les Saxons, les Arabes d'Espagne, les Slaves, les Avares, les Bretons, les Grecs, les Sarrasins d'Italie, etc.

21. Etendue de l'empire de Charlemagne. — Ses grandes divisions. — Peuples tributaires. — Nations limitrophes. — Tableau résumé des expéditions de Charlemagne. — But et résultat de ses guerres. — Restauration de l'empire d'Occident. — Relations de Charlemagne avec l'empire grec et les khalifes. — Khalifat d'Orient et khalifat d'Occident. — Éclat de ce dernier.

22. Institutions de Charlemagne. — Assemblées nationales. — Capitulaires. — Missi dominici. — Administration. — Institutions militaires. — Armes. — Armées.

23. Restauration des études. — Hommes célèbres. — Appréciation générale du règne et du caractère de Charlemagne.

24. *Louis le Débonnaire* (814-840). — Principaux faits de son règne. — Bernard d'Italie. — Judith. — Le comte de Barcelone. — Humiliation de l'empereur. — Révoltes de ses fils. — Décadence des institutions de Charlemagne.

25. *Fils de Louis le Débonnaire.* — Guerres entre les fils de Louis le Débonnaire. — Bataille de Fontenay. — Serment de Strasbourg. — Première apparition de la langue française.

26. *Traité de Verdun.* — Importance de ce traité. — Royaume de Charles le Chauve. — Ses limites. — Pourquoi elles sont un sujet continuel de guerre.

27. *Charles le Chauve* (840-877). — Principaux faits de son règne. — Origine du comté de Flandre. — Edit de Quiersy-sur-Oise. Sa teneur. Ses résultats. — Origine, religion et invasions des Normands. — Caractère de leurs invasions. — Principaux faits. — Robert le Fort.

28. *Féodalité.* (Historique). — Origines qu'on assigne à la

féodalité. — Son développement durant la période mérovingienne. — Alleux. — Bénéfices. — Ambition des leudes, leurs luttes, leurs progrès. — Traités qui consacrent leurs priviléges.

29. Influence des institutions de Charlemagne sur la féodalité. — Usage de la recommandation. — Consécration des priviléges des bénéficiers par l'édit de Quiersy-sur-Oise. — Progrès de la féodalité sous les derniers Carlovingiens et sous les premiers Capétiens. — Influence des invasions des Normands et des guerres entre les seigneurs sur son développement.

30. *Louis le Bègue, Louis III, Carloman, Charles le Gros* (877-888). — Invasion des Normands. — Siége de Paris. — Déposition de Charles le Gros. — Démembrement définitif de l'empire de Charlemagne. — Etats formés. — Leur situation. — Idée sommaire de leur histoire jusqu'à la première croisade.

31. *Eudes et Charles le Simple, Raoul* (888-936). — Principaux événements de leurs règnes. — Rollon. Traité de Saint-Clair-sur-Epte. — Résultats de l'établissement des Normands en Neustrie. — Robert de France. — Bataille de Soissons. — Extinction de la famille de Charlemagne en Germanie. — Formation de l'empire d'Allemagne.

32. *Les derniers rois carlovingiens* (936-987). — Louis d'Outremer, Lothaire, Louis V. — Principaux faits de leur histoire. — Hugues le Grand. — Origine et puissance des ducs de France.

33. *Féodalité* (Organisation). — Le fief. — Hiérarchie féodale. — Polyarchie. — Hommage. — Serment. — Investiture. — Droits et devoirs respectifs des seigneurs et des vassaux.

34. Service militaire féodal, sa durée. — Ban et arrière-ban. — Armes. — Manière de combattre. — Influence du service féodal sur la durée et la multiplicité des guerres.

35. Anarchie. — Guerres intestines. — Tyrannie et exactions des seigneurs. — Justice féodale. — Pairs. — Le roi. — Le clergé; son rôle et sa puissance. — Villes municipales. — Bourgeoisie. — Serfs. — Châteaux. — Villages.

36. *Hugues Capet* (987-996). — Causes qui ont favorisé son élévation. — Ses domaines. — Exclusion de Charles de Lorraine. — Transformations successives du royaume de Lorraine. — Séparation définitive de la France et de l'Allemagne.

37. Situation géographique des grands fiefs. — Domaine royal. — Vassaux immédiats du roi. — Événements de ce règne.

38. *Robert Ier* (996-1031). — Principaux événements de son règne. — Affaires religieuses. — Etat social.

39. *Henri Ier* (1031-1060). — Principaux événements de son règne. — Paix de Dieu. — Pélerinage en Terre sainte. — Premier duché de Bourgogne.

40. *Philippe Ier* (1060-1108). — Régence du comte de Flandre. — Principaux faits du règne de Philippe Ier. — Son excommunication. — Progrès de la puissance des papes depuis Charlemagne. — Notions sommaires sur la querelle des investitures. — Grégoire VII, sa puissance, ses projets, ses réformes. — Fin du règne de Philippe 1er.

41. *Chevalerie.* — Origine. — Principes. — Hiérarchie. — Education. — Tournois. — Armes. — Manière de combattre. — Influence sur l'organisation des armées.— Trouvères. — Troubadours. — Ordres militaires et religieux.

42. *Conquête de l'Italie méridionale par les Normands.* — Son origine. — Faits principaux. — Résultats. — Formation du royaume des Deux-Siciles.

43. *Conquête de l'Angleterre par les Normands.* — L'Angleterre depuis les invasions anglo-saxonnes. — Résu-

avénement au trône d'Angleterre. — Leurs possessions en France comparées à celles de Louis VII. — Guerre de Louis VII contre Henri II. — Divisions dans la famille royale d'Angleterre. — Thomas Becket.

50. *Philippe-Auguste* (1180-1223). — Son mariage avec l'héritière des Carlovingiens.— 3ᵉ Croisade. — Guerre contre Richard Cœur-de-Lion. — 4ᵉ Croisade. — Prise de Constantinople. — Empire latin. — Sa durée.

51. Guerre contre Jean-sans-Terre. — Arthur. — Le roi d'Angleterre cité à la Cour des pairs. — Arrêt. — Provinces réunies au domaine royal. — Coalition contre la France. — Bataille de Bouvines. — Résultats.

52. La grande charte en Angleterre. — Louis de France proclamé roi d'Angleterre. — Mort de Jean-sans-Terre. — Bataille de Lincoln. — Institutions civiles et militaires de Philippe-Auguste. — Université de Paris. — Force et composition des armées. — Étendue des domaines de la couronne. — Appréciation générale de ce règne.

53. *Louis VIII* (1223-1226). — Guerre des Albigeois (1207-1229). — Origine et principaux événements de cette guerre. — Traité de Paris. — Soumission de la France méridionale.

54. *Saint Louis* (1226-1270). — Régence de Blanche de Castille. — Révolte et défaite des barons. — Guerre contre Henri III d'Angleterre et ses alliés. — Batailles de Taillebourg et de Saintes.

55. Première croisade de saint Louis. — Principaux faits. — Les Pastoureaux. — Gouvernement de saint Louis après son retour. — Traité d'Abbeville. — Établissements de saint Louis. — Restrictions apportées aux droits des seigneurs féodaux. — La quarantaine *le Roy*. — Cas royaux. — Parlement. — Prévôté de Paris. — Règlements sur les monnaies. — Pragmatique-sanction.

56. Conquête du royaume de Naples par Charles d'An-

jou. — Guelfes et Gibelins. — Mention des Hohenstaufen. — 2ᵉ Croisade de saint Louis. — Sa mort. — Étendue du domaine royal à la fin de son règne. — Apanages donnés par saint Louis. — Caractères que les apanages donnent à la féodalité.

57. *Philippe III* (1270-1285). — Réunion du Languedoc au domaine royal. — Cession du comtat Venaissin au pape. — Vêpres Siciliennes. — Guerre contre l'Aragon. — Premières lettres de noblesse. — Réunion de la Navarre.

58. *Philippe le Bel* (1285-1314). — Traités de Tarascon et d'Anagny. — Guerre avec les Anglais et les Flamands. — Alliance avec l'Écosse. — Batailles. — Traités. — Mariage d'Isabelle de France et d'Édouard II d'Angleterre.

59. Démêlés avec les papes Boniface VIII et Benoît XI. — Élection de Clément V. — Les Templiers. — Les papes à Avignon.

60. Principales institutions du règne de Philippe le Bel. — Premiers états généraux. — Leur composition. — Les légistes. — Affaiblissement de la féodalité. — Provinces réunies à la couronne. — Limites du royaume à la mort de Philippe le Bel. — Prépondérance de la France en Europe.

61. *Les fils de Philippe le Bel* (1314-1328). — Louis X le Hutin. — Application de la loi salique à la succession de la couronne. — Réaction féodale. — Enguerrand de Marigny. — Décadence des communes. — Philippe V le Long. — Charles IV le Bel. — Jeux floraux. — Prétendants à la couronne à la mort de Charles IV. — Leurs droits, leur filiation.

62. *Philippe VI de Valois* (1328-1350). — Avénement de la branche de Valois. — Guerre de Flandre. — Victoire de Cassel. — Commencement de la guerre de Cent-Ans. — Puissance de l'Angleterre à cette époque. — Inva-

sion d'Édouard III. — Bataille de Crécy. — Causes de la
défaite des Français. — Prise de Calais. — Réunion du
Dauphiné au domaine royal. — Perte de la Navarre.

63. *Jean le Bon* (1350-1364). — Ses premiers actes.
— Charles le Mauvais. — Seconde invasion des Anglais. —
Bataille de Poitiers. — Causes de la défaite des Français.
— Captivité du roi. — Anarchie. — États généraux. —
La Jacquerie. — Traité de Brétigny. — Duché de Bourgogne donné en apanage à Philippe le Hardi. — Deuxième
maison de Bourgogne. — Les grandes compagnies. — Bataille de Brignais. — Résultats généraux de l'emploi de la
poudre et des armes à feu.

64. *Charles V le Sage* (1364-1380). — Guerre de la
succession de Bretagne. — Traité de Guérande. — Guerre
contre le roi de Navarre. — Duguesclin. — Les grandes
compagnies. — Guerre en Castille. — Henri de Transtamare
et Pierre le Cruel.

65. Reprise de la guerre contre les Anglais. — Bataille de
Pont-Vallain. — Alliance avec Henri de Transtamare. —
Victoire navale de La Rochelle. — Jean de Vienne. — Marine militaire à cette époque. — Réunion momentanée de
la Bretagne. — Administration et principales ordonnances
de Charles V.

66. *Charles VI* (1380-1422). — Oncles du roi. —
Guerre de Flandre. — Bataille de Rosebecq. — Troubles
intérieurs. — Croisades contre les Turcs. — Bataille de
Nicopolis. — État de l'Orient. — Jean-sans-Peur. — Oli-
vier Clisson. — Démence du roi.

67. Partis d'Orléans et de Bourgogne. — Isabeau de
Bavière. — Guerre des Armagnacs et des Bourguignons.
— Invasion de Henri V de Lancastre en France. — Ba-
taille d'Azincourt. — Causes de la défaite des Français. —
Assassinat de Jean-sans-Peur. — Traité de Troyes. — Hen-
ri V proclamé roi de France. — Sa mort.

68. *Charles VII* (1422-1461). — Etat de la France à l'avénement de Charles VII. — Minorité de Henri VI. — Bedford. — Défaites des Français. — Siége d'Orléans. — Jeanne d'Arc. — Généraux célèbres des deux partis.

69. Traité d'Arras. — Puissance de la maison de Bourgogne. — Victoires de Formigny et de Castillon. — Fin de la guerre de Cent-Ans. — Résumé de cette guerre. — Expulsion des Anglais. — Leurs divisions intestines. — Guerre contre les Suisses. — Fondation de la république helvétique. — Combat de Saint-Jacques.

70. Armée permanente. — Compagnies d'ordonnance. — Francs-archers. — Taille. — Artillerie. — Jean Bureau. — Grand schisme d'Occident. — Conciles de Constance et de Bâle. — Pragmatique sanction de Bourges. — Praguerie. — Prise de Constantinople par les Turcs. — Fin du moyen-âge. — Situation politique des principaux états de l'Europe à cette époque. — Progrès des sciences et des lettres. — Principales inventions.

71. *Louis XI* (1461-1483). — État de la féodalité à cette époque. — Principales maisons féodales à l'avénement de Louis XI. — Ligue du bien public. — Bataille de Montlhéry. — Traités de Saint-Maur et de Conflans. — Charles le Téméraire, duc de Bourgogne. — Révolte des Liégeois. — Traité de Péronne — Guerre en Picardie. — Siége de Beauvais.

72. Ambition du duc de Bourgogne. — Ses guerres en Lorraine et en Suisse. — Ses défaites. — Sa mort. — Guerre de Louis XI contre Edouard IV d'York. — Trèves marchandes.

73. Succession de Bourgogne. — Alliance de Louis XI et des Suisses. — Mariage de Marie de Bourgogne et de Maximilien d'Autriche. — Notions sommaires sur l'origine et la puissance de la maison d'Autriche. — Origine de sa rivalité avec la France. — Bataille de Guinegate. — Traité

d'Arras. — Succession d'Anjou. — Mariage d'Isabelle de Castille et de Ferdinand d'Aragon. — Puissance de l'Espagne. — Un mot sur l'histoire d'Espagne jusqu'à cette époque.

74. Changements introduits par Louis XI dans le gouvernement de la France. — Caractère et politique de ce prince. — Administration. — Etats généraux. — Parlements. — Institutions. — Armée. — Instruction. — Justice. — Commerce et industrie.

75. *Charles VIII* (1483-1498). — Etat des maisons féodales à son avénement — Régence d'Anne de Beaujeu. — Guerre folle. — Mariage de Charles VIII avec Anne de Bretagne. — Attitude de Maximilien d'Autriche. — Ligue contre la France. — Traités de Senlis et d'Etaples.

76. Guerres d'Italie. — Principaux états de l'Italie. — Composition de l'armée française. — Artillerie. — Itinéraire des Français. — Conquête du royaume de Naples. — Ligue contre la France. — Retour du roi. — Bataille de Fornoue. — Perte du royaume de Naples. — Généraux de Charles VIII.

77. *Louis XII* (1498-1515). — Son mariage avec la veuve de Charles VIII. — Droits de la maison d'Orléans sur le Milanais. — Conquête de ce pays. — Traité de Grenade. — Conquête et perte du royaume de Naples. — Combats. — Traité de Blois. — Alliance de l'Espagne et de l'Autriche. — Découvertes maritimes des Portugais et des Espagnols.

78. Etats généraux de Tours. — Ligue de Cambrai. — Guerre avec les Vénitiens. — Bataille d'Agnadel. — La sainte ligue. — Batailles. — Généraux et guerriers. — Traités. — Administration de Louis XII.

79. *François Ier* (1515-1547). — Conquête du Milanais. — Bataille de Marignan. — Paix perpétuelle avec les Suisses. — Rivalité de François Ier et de Charles-Quint. — Puissance

— Conspiration d'Amboise.— Édit de Romorantin. —États d'Orléans.

87. *Charles IX* (1560-1574). — Régence de Catherine de Médicis. — Massacre de Vassy. — Guerres de religion. — Leurs causes. — État des partis. — Rôle des puissances étrangères. — Principaux faits. — Chefs. — Traités. — La Saint-Barthélemy.

88. *Henri III* (1574-1589). — Suite des guerres de religion. — Faits principaux, — La Ligue. — Politique de Philippe II à l'égard de la France. — Alliance des partis religieux avec les puissances étrangères. — Edit de Bergerac. — Mort du duc d'Alençon.

89. Henri de Navarre. — Guerre des trois Henri. — Les Seize. — Journée des barricades. — Les états de Blois. — Assassinat des Guises. — Alliance de Henri III et du roi de Navarre. — Siége de Paris. — Assassinat de Henri III.

90. *Henri IV* (1589-1610). — Etat des partis à la mort de Henri III.— La Ligue.— Mayenne.—Le cardinal de Bourbon. — Les Seize. — Parti des politiques. — Prétentions de Philippe II. — Les Jésuites. — Naissance et progrès de cette société.

91. Droits de Henri IV à la couronne. — Origine et possessions de la maison de Bourbon. — Guerres de Henri IV contre les ligueurs. — Bataille d'Arques et d'Ivry.— Secours d'Elisabeth. — Siéges de Paris et de Rouen. — Campagnes du duc de Parme.

92. Abjuration de Henri IV. — Son entrée à Paris.— Guerre contre Philippe II. — Combat de Fontaine-Française.— Perte et reprise d'Amiens. — Etats généraux. — Traité de Vervins. — Edit de Nantes. — Résumé des guerres de religion. — Guerre contre la Savoie. — Traité de Lyon. — Conspiration de Biron.

93. Politique de Henri IV. — Ses projets contre l'Autri-

che. — Succession de Juliers. — Assassinat de Henri IV.
— Administration de Henri IV et de Sully. — Finances.
Agriculture. — Routes et canaux. — Industrie. — Commerce. — Marine.—Colonie du Canada. — Armée.

94. *Louis XIII* (1610-1643). — Limites de la France
à l'avénement de Louis XIII. — Régence de Marie de Médicis. — Abandon de la politique de Henri IV. — Concini.
— De Luynes. — Guerres civiles. — Traités. — Derniers
états généraux tenus avant 1789.— Résumé succinct des
principales assemblées des états généraux jusqu'à cette
époque.

95. Ministère de Richelieu. — Guerre avec les protestants. — Siége de La Rochelle. — Paix d'Alais. — Lutte
contre les grands. — Établissement de la monarchie absolue. — Résumé des progrès du pouvoir royal jusqu'à cette
époque. — Reprise des projets de Henri IV. — Politique
extérieure.

96. Lutte de la France contre la branche espagnole de la
maison d'Autriche. — Force des deux puissances.— Guerre
de la Valteline. — Guerre de la succession de Mantoue.

97. Guerre de Trente-Ans. — État de l'Europe quand
elle éclate. — Ses causes. — Histoire sommaire de la période palatine et de la période danoise. — Alliance avec
la Suède. — Période suédoise. — Campagnes de Gustave-
Adolphe. — Sa mort. — Batailles.

98. Période française de la guerre de Trente-Ans. —
Alliés de la France. — Batailles. — Généraux. — Mort
de Richelieu et de Louis XIII. — Campagnes du prince
de Condé. — Traité de Westphalie. — Ses résultats. —
Résumé de la lutte de la France contre la maison d'Autriche.

99. Administration de Richelieu. — Lettres. — Beaux-
arts. — Comédie et tragédie françaises. — Création de

l'Académie. — Hommes illustres. — État militaire de la France. —Progrès de l'artillerie. — Changements dans l'art de fortifier les places. — Marine militaire.

100. Résumé succinct des institutions militaires de la France. —Composition des armées sous les trois races.

TABLE de concordance entre les numéros tirés au sort et les numéros du Questionnaire d'Histoire de France.

NUMÉROS									
du tirage au sort.	du Questionnaire D'HISTOIRE de France.	du tirage au sort.	du Questionnaire D'HISTOIRE de France.	du tirage au sort.	du Questionnaire D'HISTOIRE de France.	du tirage au sort.	du Questionnaire D'HISTOIRE de France.	du tirage au sort.	du Questionnaire D'HISTOIRE de France.
1	1 et 51	11	11 et 61	21	21 et 71	31	31 et 81	41	41 et 91
2	2 — 52	12	12 — 62	22	22 — 72	32	32 — 82	42	42 — 92
3	3 — 53	13	13 — 63	23	23 — 73	33	33 — 83	43	43 — 93
4	4 — 54	14	14 — 64	24	24 — 74	34	34 — 84	44	44 — 94
5	5 — 55	15	15 — 65	25	25 — 75	35	35 — 85	45	45 — 95
6	6 — 56	16	16 — 66	26	26 — 76	36	36 — 86	46	46 — 96
7	7 — 57	17	17 — 67	27	27 — 77	37	37 — 87	47	47 — 97
8	8 — 58	18	18 — 68	28	28 — 78	38	38 — 88	48	48 — 98
9	9 — 59	19	19 — 69	29	29 — 79	39	39 — 89	49	49 — 99
10	10 — 60	20	20 — 70	30	30 — 80	40	40 — 90	50	50 — 100

Questionnaire de Géographie.

1. **Forme de la terre. — Cercles de la sphère.**
Sphéricité de la terre. — Preuves. — Axe. —
Pôles. — Diamètre. — Circonférence. — Superficie. — Équateur. — Parallèles. — Méridiens.—Tropiques. — Cercles polaires.

2. **Latitude et longitude. — Points cardinaux.**
Définition de la latitude et de la longitude. —
Usage en géographie. — Points cardinaux. — Rose
des vents. — Boussole.

3. **Cartes géographiques. — Mesures itinéraires.**
Notions sommaires sur la construction des cartes
géographiques. — Mappemonde. — Cartes générales. — Cartes particulières. — Échelles. —
Mètre et ses multiples. — Valeur des différentes mesures itinéraires. — Valeur du degré à l'équateur en
lieues et en kilomètres.

4. **Définitions. — Nomenclature géographique.**
Géographie physique. — Géographie politique. —
Continent, montagne, chaîne, contrefort, pic , col,
défilé , versant, ligne de partage , bassin , fleuve , ri-
vière, affluent, canal, bief de partage, océan, mer
intérieure, lac, golfe, baie, anse, rade, port, côte,
île, presqu'île, cap, isthme , détroit, etc.

5. Histoire sommaire de la géographie.

Monde connu des anciens. — Progrès de la géographie au moyen âge. — Etat des connaissances géographiques au commencement du XVᵉ siècle. — Suite des progrès de la géographie. — Navigateurs célèbres. — Résumé de leurs principales découvertes jusqu'à nos jours. — Voyages autour du monde.

6. Grandes divisions de la surface du globe.

Terres. — Eaux. — Rapport de leur étendue superficielle. — Continents. — Parties du monde. — Tracé du contour des continents. — Population du globe. — Races, langues et religions principales.

7. Océan.

Ses grandes divisions. — Leurs communications entre elles. — Mers principales. — Détroits principaux.

8. Asie.

Latitude et longitude. Superficie. — Limites. — Tracé du contour. — Mers. — Golfes. — Détroits. — Caps. — Presqu'îles. — Iles principales. — Division en grands versants. Principales chaînes de montagnes. — Principaux fleuves. — Principaux lacs. — Divisions géographiques. — Grandes divisions politiques. Capitales. — Population.

9. Afrique.

Latitude et longitude. — Superficie. — Limites. — Tracé du contour. — Mers. — Golfes — Caps. Iles principales. — Divisions en grands versants. Montagnes. — Principaux fleuves. — Lacs. — Divisions géographiques. — Divisions politiques. Capitales. — Population.

10. Amérique du Nord.

Latitude et longitude. Superficie. — Limites. — Tracé du contour. — Mers. — Golfes. — Dé-

troits. — Presqu'îles. — Caps. — Iles principales.
— Division en grands versants. Montagnes. —
Principaux fleuves. — Lacs. — Divisions géogra-
phiques. — Principaux États, leurs capitales. —
Population.

11. Amérique du Sud.

Latitude et longitude. Superficie. — Limites.
— Tracé du contour. — Mers. — Golfes. — Détroits. — Caps. — Presqu'îles. — Iles principales.
— Division en grands versants. Chaînes de montagnes. — Principaux fleuves. — Lacs. — Divisions
géographiques. — Principaux États. Capitales. —
Population.

12. Océanie.

Situation. — Grandes divisions. — Mers. — Golfes. — Détroits. — Archipels principaux. — Iles
principales.

13. Europe, situation, etc.

Latitude et longitude. Superficie. — Limites.
— Tracé du contour. — Mers. — Golfes. — Caps.
— Détroits. — Presqu'îles. — Iles principales.

14. Europe, versants, etc.

Division en grands versants. — Ligne de partage
des eaux, depuis les monts Ourals jusqu'au détroit
de Gibraltar.

15. Europe, chaînes de montagnes, etc.

Principales chaînes de montagnes. Leurs directions. — Principaux fleuves : sources, directions,
embouchures. — Notions sur leur étendue. — Lacs.

16. Europe, divisions, etc.

Grandes divisions géographiques. — Grandes divisions politiques. — Population de l'Europe. —
Principales races, langues et religions de l'Europe

17. France, situation, etc.

Limites. — Latitude et longitude. — Tracé du contour. — Dimensions. — Superficie. — Ligne de partage des eaux de la France.

18. France, chaînes de montagnes, etc.

Chaînes de montagnes. Leurs directions et leurs ramifications. — Montagnes principales. — Division de la France en versants et bassins. — Etendue du cours des grands fleuves.

19. France, bassin de la Seine.

Tracé. Ceinture du bassin. — Source, direction, embouchure du fleuve. — Ses affluents. — Départements et villes principales qu'ils arrosent. — Point où le fleuve devient navigable.

20. France, bassin de la Loire.

Tracé. Ceinture du bassin. — Source, direction, embouchure du fleuve. — Ses affluents. — Départements et villes principales qu'ils arrosent. — Point où le fleuve devient navigable.

21. France, bassin de la Garonne.

Tracé. Ceinture du bassin. — Source, direction, embouchure du fleuve. — Ses affluents. — Départements et villes principales qu'ils arrosent. — Point où le fleuve devient navigable.

22. France, bassin du Rhône.

Tracé. Ceinture du bassin. — Source, direction, embouchure du fleuve. — Ses affluents. — Départements et villes principales qu'ils arrosent. — Point où le fleuve devient navigable.

23. France, bassins de la Somme, de l'Orne, du Blavet, de la Vilaine.

Tracé. Ceinture des bassins. — Sources, direc-

Bassins auxquels ils appartiennent. — Chefs-lieux et villes principales.— Date et historique de la réunion de ces provinces à la couronne de France. — Tracé.

36. France, départements.

Départements formés des anciennes provinces de Provence, Dauphiné, comtat Venaissin, Lyonnais, Corse.—Bassins auxquels ils appartiennent.— Chefs-lieux et villes principales. — Date et historique de la réunion de ces provinces à la France. — Tracé.

37. France, départements.

Départements formés des anciennes provinces d'Alsace, Franche-Comté, Bourgogne. — Bassins auxquels ils appartiennent. — Chefs-lieux et villes principales. — Date et historique de la réunion de ces provinces à la France. — Tracé.

38. France, statistique.

Superficie. — Population. — Gouvernement. — Divisions administratives, militaires, ecclésiastiques, judiciaires et universitaires. — Préfectures maritimes.— Agriculture, industrie.— Revenu. — Dette. — Armée. — Marine.

39. France, côtes.

Description des côtes depuis Dunkerque jusqu'à Bayonne. — Tracé. — Caps, golfes, îles, embouchures des fleuves. — Départements et ports principaux situés sur cette partie du littoral.

40. France, côtes.

Description des côtes, de Port-Vendres à Antibes. — Tracé. — Caps, golfes, îles, embouchures des fleuves. — Départements et ports principaux situés sur cette partie du littoral (mention spéciale de la Corse).

41. France, frontières.

Description de la frontière entre Dunkerque et

Bâle. — Tracé de la limite. — Fleuves et rivières qui la traversent. — Départements qui se trouvent sur cette frontière. — Pays limitrophes. — Places de guerre françaises et étrangères.

42. France, frontières.

Description de la frontière entre Bâle et le Var. — Tracé de la limite. — Fleuves et rivières qui la traversent. — Départements qui se trouvent sur cette frontière. — Pays limitrophes. — Places de guerre françaises et étrangères.

43. France, frontières.

Description de la frontière entre Bayonne et Port-Vendres. — Tracé de la limite. — Fleuves et rivières qui la traversent.—Départements qui se trouvent sur cette frontière. — Pays limitrophes. — Places de guerre françaises et étrangères.

44. Description géographique des Alpes.

Situation. Direction. Divisions. — Principales montagnes. — Ramifications. — Cols et routes. — Rivières qui descendent des Alpes.

45. Description géographique des Pyrénées.

Situation. Direction. Divisions. — Principales montagnes. — Ramifications. — Cols et routes. — Rivières qui descendent de ces chaînes.

46. Description géographique des Cévennes, des Vosges et du Jura.

Situation. Direction. Divisions. — Principales montagnes.—Ramifications.— Cols et routes. —Rivières qui descendent de ces chaînes.

47. France, colonies.

Colonies françaises dans les différentes parties du monde. — Situation. — Villes principales. — Productions. — Commerce.

— Fleuves et rivières. — Divisions. Villes principales, ports et places fortes. — Chemins de fer. — Population. — Commerce. — Forces de terre et de mer. — Colonies.

55. Bassins de l'Escaut et de la Meuse.

Situation des bassins. — Cours des fleuves. — Sources, direction, embouchures. — Affluents principaux. — Pays et villes principales arrosés par ces rivières. — Tracé du cours.

56. Description de la mer du Nord.

Tracé du littoral. — Golfes. — Détroits. — Caps. — Iles. — Pays baignés par cette mer. — Ports principaux. — Embouchures des fleuves.

57. Allemagne physique.

Principales chaînes de montagnes. — Ligne de partage des eaux entre les Karpathes et les Alpes. Division en versants et en bassins. — Noms, sources, directions et embouchures des grands fleuves.

58. Allemagne politique.

Confédération germanique. — Capitales. — Organisation. — Armée et forteresses fédérales. — Situation des États. — Divisions et villes remarquables. — Gouvernement. — Principaux chemins de fer.

59. Bassins de l'Elbe et du Weser.

Tracé. — Ceinture. — Sources, direction, embouchures. — Affluents principaux. — Pays et villes principales arrosés par ces rivières.

60. Prusse.

Situation et limites. — Mers. — Golfes. — Montagnes. — Fleuves. — Divisions. Capitales et villes principales. — Population. — Gouvernement. — Armée. — Places fortes. — Zollverein.

Caps.— Iles.— Montagnes.— Versants.— Fleuves.
— Lacs. — Divisions politiques. — Situation des
différents États. Capitales et villes principales. —
Gouvernement. — Places fortes. — Ports.

68. Bassin du Pô.

Ceinture du bassin.—Source, direction, embouchure.—Affluents principaux. — Pays et villes principales arrosés par ces rivières. — Tracé du cours.

69. Turquie d'Europe et Grèce, Principautés slaves, Iles Ioniennes.

Limites.— Mers. — Golfes. — Détroits. — Caps.
— Iles. — Montagnes. — Fleuves. — Divisions.
Capitales et villes principales. — Gouvernement.

70. Bassin du Danube.

Ceinture. — Source , direction , embouchure.—
Affluents principaux. — Pays et villes principales
arrosés par ces rivières. — Tracé du cours.

71. Russie asiatique, Japon, Empire chinois.

Situation. — Divisions. Capitales et villes principales.

72. Hindoustan, Indo-Chine, Turquie d'Asie, Arabie, Perse, Afghanistan, Hérat, Beloutchistan, Turkestan.

Situation. — Divisions. Capitales et villes principales. — Compagnie des Indes.

73. Maroc, Tunis, Tripoli, Égypte, Nubie, Abyssinie , Nigritie, Côtes occidentales et orientales de l'Afrique.

Situation.— Divisions. Capitales et villes principales. — Principales colonies des Européens.
Capitales et villes principales.

fleuves. — Ports principaux. — Principales colonies des Européens.

80. Océanie.

Situation. — Divisions. — Possessions des Européens. Capitales et villes principales.

81. Description sommaire du grand Océan.

Tracé du littoral. — Mers.— Golfes. — Détroits. Iles.— Caps. — Pays baignés. — Embouchures des fleuves. — Ports principaux. — Principales colonies des Européens.

TABLE de concordance entre les numéros tirés au sort et les numéros du Questionnaire de Géographie.

NUMÉROS									
du tirage au sort.	du Questionnaire de Géographie.	du tirage au sort.	du Questionnaire de Géographie.	du tirage au sort.	du Questionnaire de Géographie.	du tirage au sort.	du Questionnaire de Géographie.	du tirage au sort.	du Questionnaire de Géographie.
1	1 et 17	11	11 et 32	21	54 et 37	31	72 et 23	41	75 et 38
2	2 — 17	12	12 — 32	22	57 — 37	32	48 — 23	42	56 — 47
3	3 — 17	13	13 — 33	23	58 — 19	33	73 — 24	43	53 — 39
4	4 — 18	14	14 — 33	24	60 — 19	34	77 — 24	44	55 — 40
5	5 — 18	15	15 — 34	25	62 — 20	35	78 — 25	45	59 — 41
6	6 — 29	16	16 — 34	26	63 — 20	36	80 — 25	46	61 — 42
7	7 — 30	17	49 — 35	27	65 — 21	37	81 — 26	47	64 — 43
8	8 — 30	18	50 — 35	28	67 — 21	38	76 — 27	48	66 — 44
9	9 — 31	19	51 — 36	29	69 — 22	39	79 — 28	49	68 — 45
10	10 — 31	20	52 — 36	30	71 — 22	40	74 — 38	50	70 — 46

Questionnaire d'Allemand.

1. Déclinaison de l'article défini et de l'article indéfini, ainsi que des adjectifs pronominaux et numéraux dont les désinences sont analogues à celles des articles.

2. Substantifs radicaux et substantifs dérivés. — Terminaisons des substantifs dérivés. — Formation des noms féminins de personnes et d'animaux. — Formation des diminutifs. — Substantifs composés.

3. Détermination du genre des substantifs dérivés, d'après leur terminaison. — Genre des substantifs composés.

4. Règles sur la déclinaison des substantifs. — Génitif en *es* et génitif en *en*. — Exemples. — Règles sur la suppression de la voyelle *e* dans les inflexions du génitif et des autres cas. — Règle sur le singulier des féminins. — Règle générale sur l'adoucissement de la voyelle radicale au pluriel des substantifs.

5. Déclinaison des substantifs masculins. — Règle sur l'adoucissement de la voyelle radicale au pluriel des substantifs masculins. — Exemples.

6. Déclinaison des substantifs féminins. — Règle sur l'adoucissement de la voyelle radicale au pluriel des substantifs féminins. — Exemples.

7. Déclinaison des substantifs neutres. — Règle sur l'adoucissement de la voyelle radicale au pluriel des substantifs neutres. — Exemples.

8. Règles sur les substantifs dont le pluriel se forme en *er*. — Adoucissement de la voyelle. — Exemples.

9. Déclinaison des substantifs d'origine étrangère. — Déclinaison des noms propres de personnes, de pays et de villes. — Exemples.

10. Signification et déclinaison des adjectifs ou pronoms démonstratifs; des adjectifs conjonctifs ou pronoms relatifs; et des adjectifs ou pronoms interrogatifs.

11. Pronoms personnels. — Pronoms réfléchis. — Pronoms indéfinis. — Leur signification et leur déclinaison.

12. Signification et déclinaison des adjectifs possessifs. — Différence entre *fein* et *ihr*. — Adjectifs possessifs employés substantivement.

13. Adjectifs numéraux ou noms de nombre. — Nombres cardinaux et nombres ordinaux. — Leur formation et leur déclinaison.

14. Adjectifs numéraux indéterminés. — Signification et déclinaison. — Mots dérivés des noms de nombre. Fractions et nombres fractionnaires.

15. Déclinaison des adjectifs qualificatifs précédés ou non précédés d'un déterminatif. — Adjectifs radicaux et adjectifs dérivés. Terminaisons des adjectifs dérivés. — Adjectifs composés.

16. Formation du comparatif et du superlatif des adjectifs. — Adoucissement de la voyelle radicale. — Comparatifs et superlatifs irréguliers. — Déclinaison.

17. Conjugaison du verbe auxiliaire *fein*. — Emploi de cet auxiliaire.

18. Conjugaison du verbe auxiliaire *haben*. — Emploi de cet auxiliaire.

19. Conjugaison du verbe auxiliaire *werben*. — Emploi de cet auxiliaire.

20. Conjugaison d'un verbe régulier, actif ou neutre. Exemples. — Verbes impersonnels ou unipersonnels. Exemples.

21. Conjugaison d'un verbe régulier passif. Exemples.

irréguliers ſchallen, geben, ſtehen, bitten, ſitzen, ſchinben, heißen, liegen, bauen, laufen, gebáren, kommen, ſtoßen, rufen, thun, non compris dans les catégories précédentes.

32. Verbes semi-irréguliers : brennen, kennen, nennen, rennen, ſenden, wenden, denken, bringen, ſollen, wollen, bürfen, fönnen, möge, müſſen et wiſſen. Irrégularité particulière aux sept derniers.

33. Adverbes de lieu, de temps, etc. — Adjectifs employés adverbialement. — Degrés de comparaison des adverbes.

34. Prépositions proprement dites. — Substantifs, adjectifs et participes employés comme prépositions. — Conjonctions et interjections.

35. Signification des adverbes de lieu her, hin, hier, da et wo. — Adverbes formés par la combinaison de ces mots entre eux ou avec des prépositions.

36. Construction de la proposition indépendante (simple ou principale) et de la proposition dépendante ou subordonnée : le sujet, le verbe et l'attribut ; — le sujet et ses compléments ; — l'attribut et ses compléments.

37. Inversion du sujet et du verbe de la proposition simple et de la proposition principale d'une période. — Inversions de la proposition subordonnée.

38. Construction des parties du discours et de leurs compléments. — Le substantif et ses compléments. — L'adjectif qualificatif et ses compléments. — Le verbe, le participe et l'infinitif et leurs compléments. — Place des prépositions zu, um zu, ohne zu, ſtatt ou anſtatt zu, accompagnant un infinitif.

39. Construction de plusieurs compléments (d'un même mot) par rapport les uns aux autres. — Place de la particule séparable.

40. Emploi des articles. — Cas où l'allemand, contrairement au français, emploie ou n'emploie pas l'article défini et l'article indéfini.

41. Accord de deux substantifs en apposition. — Nom propre précédé d'un nom commun — Nom de mesure et de

quantité suivi d'un nom commun. — Pluriel des noms de mesure. — Régime du substantif.

42. Le pronom démonstratif derfelbe employé à la place du pronom personnel ou de l'adjectif possessif. — L'adjectif démonstratif der employé pour derjenige. — Comparaison entre les pronoms relatifs der et welcher. — Le pronom relatif was employé pour welches ou das. — L'adjectif interrogatif welches employé comme attribut. — Adjectif possessif employé comme attribut. — Jhr, leur, employé pour la seconde personne. — Cas où les nombres cardinaux, employés en français, se rendent en allemand par des nombres ordinaux.

43. Emploi de la troisième personne du pronom personnel à la place de la seconde. — Pronom personnel suivi du pronom relatif.—Pronom personnel accompagné de felbft, même. — Emploi du pronom réfléchi fich. — Emploi du pronom es.

44. Adjectif qualificatif employé comme attribut. — Comparatif formé avec l'adverbe mehr. — Superlatif relatif et superlatif absolu. — Régime des adjectifs : Adjectifs qui gouvernent le génitif. — Adjectifs qui gouvernent le datif. — Adjectifs qui gouvernent l'accusatif. — Adjectifs accompagnés d'une préposition avec son régime.

45. Cas où le verbe de la préposition ne s'accorde pas avec son sujet. — Emploi du subjonctif. — Les conjonctions wenn, als wenn, als ob, damit (daß), suivies du subjonctif. — Suppression des conjonctions daß, wenn et ob.

46. Imparfait et plus-que-parfait du subjonctif employés comme conditionnels. — Infinitif employé à la place du participe passé. — Participes français rendus en allemand par des prépositions. — Auxiliaires du mode. Leur emploi.

47. Régime des verbes : Verbes qui gouvernent le génitif. — Verbes qui gouvernent le datif. — Verbes qui gouvernent le datif en allemand, tandis qu'ils sont suivis, en français, d'un régime direct. — Verbes qui gouvernent l'accusatif. — Verbes accompagnés d'une préposition avec son régime. — Préposition von accompagnant un verbe passif. — Préposition zu

avec son régime employé comme complément attributif. — Verbes qui, contrairement au français, ont pour complément un infinitif avec ou sans la préposition ju, *de* ou *à*.

48. Adverbes de lieu employés d'une manière elliptique. — Classification des prépositions suivant le cas qu'elles régissent. — Prépositions qui régissent le génitif. — Prépositions qui régissent le datif. — Prépositions qui régissent l'accusatif. — Prépositions qui régissent tantôt le datif, tantôt l'accusatif. — Prépositions employées d'une manière elliptique.

49. Influence des conjonctions sur la place du verbe de la proposition : Conjonctions qui ne changent pas la place appartenant au verbe de la proposition. — Conjonctions qui demandent que le verbe précède le sujet. — Conjonctions qui rejettent le verbe à la fin de la proposition. — Emploi des interjections.

50. Emploi de la voyelle y, des voyelles doubles aa, oo, ee, et des consonnes f, s, ft, ß, ff. — Emploi des majuscules. — Séparation des syllabes. — Trait d'union. — Apostrophe. — Ponctuation. — Donner des exemples.

51. Former une proposition simple. — La transformer en une proposition subordonnée. Exemples : Die Welt ist groß. Der Mensch denkt. Da die Welt, etc.

52. Former une proposition indépendante (simple ou principale) dont le sujet ou l'attribut soit accompagné d'un ou de plusieurs compléments. — La changer en proposition subordonnée. Exemples : Die großen Männer aller Zeiten hatten ihre Schwächen. — Da, etc.

53. Former une proposition simple dont le verbe soit accompagné d'un pronom personnel régime ou d'un adverbe de négation. La changer en proposition subordonnée. Exemples : Er will nicht. Ich sehe ihn. — Da, etc.

54. Former une proposition qui soit une interrogation directe et dont le sujet soit un substantif ou un mot pris substantivement. Exemple : Ist die Arbeit fertig?

55. Former une proposition commençant par l'attribut ou

par un complément de l'attribut qui soit un adverbe ou une conjonction adverbiale. Exemples : Wachsam ist der Hund. Gestern ist mein Freund abgereist. Dennoch liebe ich ihn.

56. Former une proposition commençant par un complément de l'attribut qui soit un régime direct ou indirect avec ou sans préposition. Exemples : Den Menschen ehret sein Wille. Dem Fürsten gehorchen Alle. Vor Gott sind Alle gleich.

57. Former une période qui commence par la proposition subordonnée. Exemple : Als er heute sein Glück erfuhr, weinte er vor Freude.

58. Former une phrase contenant une proposition subordonnée dont le verbe soit dans un temps composé et ait pour régime un infinitif. Exemple : Wenn ich nicht hätte arbeiten müssen, so wäre ich in's Theater gegangen.

59. Former une phrase contenant une proposition subordonnée qui commence par un des adverbes relatifs je... (desto), wie, so, accompagnant un adjectif ou un adverbe. Exemples : Je offner du bist, desto, etc. Wie ou so vergnügt er auch scheinen mag, so, etc.

60. Former une phrase dans laquelle une proposition subordonnée puisse prendre la construction d'une proposition indépendante. Exemples : Willst du meinem Rathe folgen, so reise heute nicht ab. Ich glaube, er ist heute abgereist.

61. Former une phrase qui contienne un substantif ayant pour complément un adjectif ou un génitif. Exemples : Das grüne Blatt. Das Klima Frankreichs ou Frankreich's Klima. Dessen Name, etc.

62. Former une phrase qui contienne un adjectif employé soit comme attribut, soit comme épithète, et accompagné d'un ou de plusieurs compléments. Exemples : Er ist von Jugend auf an Arbeit gewöhnt. Ein von Jugend auf an Arbeit gewöhnter Mensch. Er ist gegen seine Lehrer dankbar ou dankbar gegen seine Lehrer.

63. Former une phrase contenant un verbe attributif, un participe ou un infinitif accompagné de ses compléments.

Exemples : Mein Vetter kommt jeden Tag zu mir. Er ist.... gekom=
men. Er wird.... kommen.

64. Former une phrase qui contienne un infinitif accompagné des prépositions zu, um zu, ohne zu, statt ou anstatt zu. Exemples : Ich bitte Sie, noch heute in die Stadt zu gehen. Ich blieb zu
Hause, um meiner Mutter Gesellschaft zu leisten.

65. Former une phrase dont le sujet ait plusieurs compléments d'un ordre différent. Exemples : Mein guter Vater.
Des Menschen höchste Pflicht, etc.

66. Former une phrase dont l'attribut ait plusieurs compléments d'un ordre différent. Exemples : Er ist mir gestern
auf der Straße begegnet. Ich bin ihm für seine Dienste erkenntlich.

67. Former une proposition qui contienne un verbe composé avec une particule séparable, dans un temps simple, et
accompagné d'un ou de plusieurs compléments. Exemple : Er
brachte seinem Kinde ein hübsches Kleid mit. Changer une telle
proposition en proposition subordonnée : Da er, etc.

68. Former une phrase qui contienne un verbe composé
avec une particule séparable, dans un temps composé, ou à
l'infinitif accompagné de la préposition zu. Exemples : Er hat
seinem Kinde ein hübsches Kleid mitgebracht. Er hat die Absicht,
seinem Kinde, etc.

69. Former une phrase qui contienne un nom propre
précédé de l'article, ou tout autre nom devant lequel on emploie en allemand l'article défini, tandis qu'en français on
n'emploie pas d'article. Exemples : Der Tod des Sokrates, Der
Karl. Im Sommer. Im Mai. Am Montag. Der heilige Johann.

70. Former une phrase contenant un nom commun au
pluriel ou un nom de matière pris dans un sens partitif,
ou toute autre espèce de nom devant lequel on n'emploie pas
d'article en allemand. Exemples : Kinder. Wein. Kaiser Karl.
Der Tugend Lohn. Frankreich. Ostern. Gegen vier Uhr. Alle Men=
schen. Der Löwe, Tiger und Leopard.

71. Former une phrase contenant un substantif attributif,
ou tout autre substantif devant lequel on emploie l'article

indéfini en allemand, contrairement au français. Exemples :
Mein Freund ist ein Botaniker. Wallenstein's Tod, eine Tragödie
von Schiller. Er hat eine hohe Stirn. Mit starker Stimme.

72. Former une phrase qui contienne deux substantifs en
apposition dans un cas quelconque. Exemples : Karls, meines
besten Freundes. Die Sonne, die Königin des Himmels.

73. Former une phrase contenant un nom propre précédé
d'un nom commun qui désigne le même objet que le premier
nom, comme der Name Ludwig ; — ou un nom de mesure joint à
un nom commun dans un cas quelconque, comme mit zwei Flä-
schen Wein ; — ou des noms de mesure, comme Elle, Tag, Fuß,
Mann, etc., employés au pluriel.

74. Former une phrase qui contienne un substantif accompagné de son régime. Exemples : Die List des Feindes. Der Kaiser von China. Die Angst vor dem Tode. Die Scham über sein Ver-
brechen.

75. Former une phrase dans laquelle un pronom démonstratif (derselbe, der) remplace un pronom personnel ou un
adjectif possessif. Exemples : Er erzählte mir Vieles von diesem
Manne, und sagte, daß derselbe, etc.; — ou von diesem Manne
und den Abentheuern desselben ou dessen Abentheuern ; — ou bien
former une phrase dans laquelle der remplace derjenige ou welcher. Exemples : Das meines Bruders. Er, der vernünftiger ist ; —
ou une phrase dans laquelle was remplace welches ou das.
Exemple : Nichts, was ihm gefiele.

76. Former une phrase dans laquelle un adjectif relatif ou
possessif soit employé comme attribut. Exemples : Welches ist
Ihre Vaterstadt? Diese Bücher sind mein ; — ou une phrase dans
laquelle Ihr, leur, soit employé pour la deuxième personne.
Exemple : Wie befindet sich Ihr Herr Vater? — ou une phrase
dans laquelle les nombres cardinaux employés en français
soient rendus en allemand par des nombres ordinaux. Exemples : Heinrich der vierte. Den zwölften Mai.

77. Former une phrase par laquelle on s'adresse à une personne qu'on ne tutoie pas. Exemple : Wohin gehen Sie? — ou

une phrase dans laquelle un pronom personnel soit suivi d'un pronom relatif, ou accompagné de felbft. Exemples : Du, der bu mein befter Freund bift, etc. Er ift felbft gekommen.

78. Former une phrase avec le pronom réfléchi correspondant au français : *à lui, lui ; à elle, elle ; à eux, eux ; à elles, elles.* Exemple : Er läßt Niemand zu fich.

79. Former une phrase avec le pronom personnel es employé impersonnellement. Exemples : Es find Engländer. Es friert. Es klopft. Es wird gearbeitet. Es hungert mich. Es kommen Leute. Ich bin's. Er verlangt es, daß Sie fchreiben. — (Suppression de es.)

80. Former une phrase dans laquelle un adjectif soit attribut d'un sujet. Exemple : Die Stadt ift groß. Mettre un tel adjectif au comparatif ou au superlatif. — Former le comparatif d'un adjectif avec l'adverbe mehr. Exemple : Er ift mehr höflich als gut. — Se servir, pour le superlatif, de la forme adverbiale am—ften. Exemple : Das Lefen ift mir im Garten ou des Abends am angenehmften.

81. Former une phrase avec un adjectif tel que kundig, ähnlich, alt, arm, tauglich, et autres semblables accompagnés de leur régime au génitif, au datif ou à l'accusatif, ou d'une préposition avec son régime.

82. Former une phrase dans laquelle le verbe ne s'accorde pas avec son sujet. Exemples : Es kommen Soldaten. Der Herr Doktor find nicht zu Haufe. Dreimal neun ift fieben und zwanzig. Weder fein Name, noch fein Stand ift mir bekannt.

83. Former une proposition qui soit régie par un des verbes meinen, denken, glauben, fagen, etc., employés à la troisième personne. Exemple : Er glaubt ou fagt, daß es regnen werde. — Mettre un tel verbe à la première ou à la seconde personne. — L'employer interrogativement ou négativement.

84. Former une phrase avec une des conjonctions obgleich, obfchon, wenn gleich, nachdem, ehe, bevor; — ou avec une des conjonctions wenn, als wenn, als ob, damit, suivies d'un subjonctif. Exemples : Obgleich er arm ift, etc. Wenn du gewollt hät-

fel, etc. — Suppression des conjonctions wenn et ob. — Suppression de la conjonction daß. Exemple : Er glaubt, es werde regnen.

85. Former une phrase dans laquelle l'imparfait ou le plus-que-parfait du subjonctif soit employé comme conditionnel. Exemples : Wäre doch dieser Tag vorüber! Wäre es möglich? Wenn du aufrichtig gewesen wärest, so würde Alles anders stehen.

86. Former une phrase avec un des temps passés d'un verbe accompagné d'un infinitif (sans zu). Exemple : Er hat es nicht thun wollen.

87. Former une phrase dans laquelle le participe employé en français soit rendu par une proposition. Exemples : *La chose étant décidée*, etc., da die Sache beschlossen ist, so, etc. En parlant, il écoute, indem er spricht, hört er zu.

88. Former une phrase avec un auxiliaire du mode employé à la place d'un subjonctif, d'un conditionnel ou d'un impératif, ou bien d'un futur, etc. Exemples : Ich wünsche, daß er so fortfahren möge. Wollten Sie so gut sein? Wir wollen gehen ou lassen Sie uns gehen. Er soll arbeiten.

89. Former une phrase avec un verbe tel que gedenken, sich freuen, sich lohnen, beschuldigen, jammern, accompagné de son régime au génitif.

90. Former une phrase avec un verbe tel que trauen, ahnen, leisten, vergeben, sich vornehmen, et autres semblables, accompagné de son régime au datif, et en particulier avec un verbe de cette catégorie qui gouverne en français un régime direct, comme *flatter, rencontrer*, etc.

91. Former une phrase avec un verbe *actif*, comme lieben, accompagné de son régime à l'accusatif; ou avec un verbe réfléchi, comme sich freuen; ou enfin avec un verbe neutre employé comme actif, comme sich satt essen, sich Etwas in den Fuß treten.

92. Former une phrase avec un verbe accompagné d'une préposition équivalente aux prépositions françaises *de* et *à*. Exemples : Von diesem Uebel sollst du befreit werden, Er sinnt auf=

das beſte Mittel, etc. Employer avec un seul et même verbe différents régimes. Exemple : Ich freue mich ſeiner Ankunft, über ſeine Ankunf, ou auf ſeine Ankunft.

93. Former une phrase qui contienne un verbe passif accompagné de la préposition von, ou un verbe actif ayant pour complément attributif la préposition zu avec son régime. Exemples : Von wem iſt das Schießpulver erfunden worden? Der Kriegsminiſter hat ihn zum General ernannt.

94. Former une phrase avec un verbe tel que wünſchen, wagen, hoffen, ſcheinen, glauben, wiſſen, ou autres semblables, accompagné d'un infinitif; ou bien une phrase avec les verbes heißen; lehren, lernen, accompagnés d'un infinitif.

95. Former une phrase avec un adverbe de lieu ou avec une préposition employée d'une manière elliptique. Exemples : Herein! Ich will fort.

96. Former une phrase avec une préposition gouvernant le génitif, le datif ou l'accusatif, ou avec une préposition qui gouverne tantôt le datif, tantôt l'accusatif.

97. Former une phrase qui contienne deux propositions liées ensemble par une des conjonctions suivantes : aber, allein, denn, oder, ſondern, und.

98. Former une phrase qui contienne deux propositions liées ensemble par les conjonctions dann, endlich, weder — noch, doch, indeſſen, darum, folglich, et autres semblables.

99. Former une phrase qui contienne deux propositions liées ensemble par les conjonctions daß, als, wenn, et autres semblables.

100. Former une phrase qui contienne une interjection avec un des cas d'un substantif ou d'un pronom. Exemples : O der Unglückliche! O des Unglücklichen! O mich Armen! Wohl mir!

TABLE de concordance entre les numéros tirés au sort et les numéros du Questionnaire d'allemand.

NUMÉROS									
du tirage au sort.	du Questionnaire D'ALLEMAND	du tirage au sort.	du Questionnaire D'ALLEMAND	du tirage au sort.	du Questionnaire D'ALLEMAND	du tirage au sort.	du Questionnaire D'ALLEMAND	du tirage au sort.	du Questionnaire D'ALLEMAND
1	1 et 69	11	11 et 79	21	21 et 89	31	31 et 99	41	41 et 59
2	2 — 70	12	12 — 80	22	22 — 90	32	32 — 100	42	42 — 60
3	3 — 71	13	13 — 81	23	23 — 91	33	33 — 51	43	43 — 61
4	4 — 72	14	14 — 82	24	24 — 92	34	34 — 52	44	44 — 62
5	5 — 73	15	15 — 83	25	25 — 93	35	35 — 53	45	45 — 63
6	6 — 74	16	16 — 84	26	26 — 94	36	36 — 54	46	46 — 64
7	7 — 75	17	17 — 85	27	27 — 95	37	37 — 55	47	47 — 65
8	8 — 76	18	18 — 86	28	28 — 96	38	38 — 56	48	48 — 66
9	9 — 77	19	19 — 87	29	29 — 97	39	39 — 57	49	49 — 67
10	10 — 78	20	20 — 88	30	30 — 98	40	40 — 58	50	50 — 68